Editorische Notiz

Der vorliegende Text wurde 1994 unter dem Titel «*Descubrimiento, encuentro, invasión – Die spanische Kontroverse um den Quinto Centenario*» als Magisterarbeit am Fachbereich Romanistik der Universität Frankfurt vorgelegt und mit «sehr gut» bewertet. Für die vorliegende Erstveröffentlichung wurde der Text leicht gekürzt und mit einem aktuellen Vorwort versehen.

Bibliografische Information der Deutschen Nationalbibliothek

Die Deutsche Nationalbibliothek verzeichnet diese Publikation in der Deutschen Nationalbibliografie; detaillierte bibliografische Informationen sind im Internet über http://dnb.d-nb.de abrufbar.

© 2017 Shaker Verlag

Das Werk einschließlich aller seiner Teile ist urheberrechtlich geschützt. Jede Verwertung, die nicht ausdrücklich vom Urheberrechtsgesetz zugelassen ist, bedarf der vorherigen schriftlichen Genehmigung des Verlages. Dies gilt insbesondere für Vervielfältigungen, Übersetzungen, Mikroverfilmungen und die Einspeicherung und Verarbeitung in elektronischen Systemen.

Umschlaggestaltung: Sarah Klakow, Shaker Verlag
Bildnachweis: © Yaroslav Gerzhedovich / istockphoto.com
Satz und Layout: CONTEXTA, Osnabrück

Printed in Germany.
ISBN 978-3-8440-4807-0
ISSN 0945-0858

Shaker Verlag GmbH | Postfach 101818 | 52018 Aachen
Telefon: 02407 9596-0 | Telefax: 02407 9596-9
Internet: www.shaker.de | E-Mail: info@shaker.de

Foreign rights: Please contact the author at ursula.debus@textaction.com

Ursula Debus

Genozid als Heldenepos?
Spanien und der 500. Jahrestag der Entdeckung Amerikas

«Hier aber, versetzte Wilhelm, sind so viele widersprechende Meinungen, und man sagt ja, die Wahrheit liege in der Mitte. Keineswegs, erwiderte Montan, in der Mitte bleibt das Problem liegen.»

Johann Wolfgang von Goethe
(Wilhelm Meisters Wanderjahre,
2. Buch, 9. Kapitel)

Dank

Zum Entstehungszeitpunkt des vorliegenden Textes Anfang der 1990er Jahre lag zu diesem Thema kaum Forschungsliteratur vor. Walther L. Bernecker, Norbert Rehrmann und Miguel Molina Martínez gehörten zu den wenigen Wissenschaftlern, die zur spanischen Debatte um den *Quinto Centenario* publiziert hatten. Eine umfangreichere Analyse dieses Diskurses in Angriff zu nehmen, bedeutete folglich, hauptsächlich mit spanischen Primärtexten zu arbeiten – ein ebenso spannendes wie arbeitsintensives Unterfangen mit eher ungewissen Erfolgsaussichten.

Dankbar bin ich daher vor allem Prof. Dr. Horst G. Klein (†), der sich trotz dieser Schwierigkeiten für die Betreuung meiner Arbeit entschied und dessen Interesse, Kritik und Ermutigung wesentlich zur Qualität des Textes beigetragen haben. Desweiteren geht mein Dank an Prof. Dr. Walther L. Bernecker, dessen Vortrag in Frankfurt mich zur Bearbeitung des Themas angeregt hat. Viel verdanke ich den inspirierenden Gesprächen mit Prof. Dr. Norbert Rehrmann (†) und mit Ricardo Bada; auch der Buchtitel geht auf eine Formulierung von Norbert Rehrmann zurück. Den Mitarbeiterinnen und Mitarbeitern des Ibero-Amerikanischen Institutes in Berlin danke ich für ihre engagierte Unterstützung bei der Literaturrecherche.

Nicht zuletzt ganz besonderen Dank an Stefan, an Ralf sowie an Cornelia und Fred. Ohne euch würde es dieses Buch nicht geben.

Inhalt

Vorwort 13

1. Einleitung 17

   1.1. Zum historischen Hintergrund des *Quinto Centenario*: der *Cuarto Centenario* und der Panhispanismus in Spanien 17

   1.2. Das Staatsprojekt *Quinto Centenario*: Organisation, Aktivitäten, Ziele 19

   1.3. Die spanische Kontroverse um den *Quinto Centenario* 22

2. Die historische Kontroverse 29

   2.1. 1492: Kolumbus' Ankunft in der ‹Neuen Welt› 29

      2.1.1. Die Problematisierung des *descubrimiento*-Begriffes 32

      2.1.2. Descubrimiento oder encuentro? 35

      2.1.3. Encubrimiento, encontronazo, invasión 42

   2.2. Die politischen Ereignisse auf der Iberischen Halbinsel im Jahr 1492: ‹Höhepunkt der spanischen Geschichte› oder ‹Scheitern einer offenen Kultur›? 51

2.3. Conquista und Kolonisation 64

    2.3.1. Die Konquistadoren: soldatische Helden oder skrupellose Abenteurer? 67

    2.3.2. Der demographische Kollaps der indianischen Bevölkerung: spanienfeindliche Legende oder faktischer Genozid? 73

    2.3.3. Das Schicksal der altamerikanischen Kulturen: spanische Zivilisationsleistung in Amerika oder kultureller Genozid? 81

    2.3.4. Die frühen spanischen Kolonialkritiker und die Indianerschutzpolitik der spanischen Krone: Indizien für eine ‹humanere Kolonisierung›? 93

    2.3.5. Das amerikanische *mestizaje*: ‹Liebeswerk› oder ‹ethnische Vergewaltigung›? 102

2.4. Fazit 106

3. Exkurs: Die Position der indigenen Organisationen Amerikas .. 109

4. Die Bewertung des spanischen Kulturerbes: Bilder des gegenwärtigen Lateinamerika 117

    4.1. Latinoamérica, Hispanoamérica, Iberoamérica? 118

    4.2. Das Problem der lateinamerikanischen Identität 123

        4.2.1. Das Konzept der *hispanidad* 123

        4.2.2. Das Konzept des *mestizaje* 127

        4.2.3. Das Konzept der kulturellen Heterogenität 135

5. Zukunftsperspektiven 141

    5.1. Perspektiven der spanisch-lateinamerikanischen Beziehungen: das Projekt einer *Comunidad Iberoamericana* 141

    5.2. An der Schwelle zum 21. Jahrhundert: Globale Perspektiven 148

6. Fazit 157

Literaturverzeichnis 161

Anmerkungen 177

Vorwort

Im Jahr 1992 jährte sich zum 500. Mal die Ankunft Kolumbus' in der ‹Neuen Welt›. Als die spanische Regierung Anfang der 1970er Jahre mit dem Vorhaben an die Öffentlichkeit trat, aus Anlass dieses Jubiläums groß angelegte Gedenkfeierlichkeiten zu veranstalten, löste sie damit international wie national eine breite Debatte darüber aus, ob das historische Ereignis von 1492 und seine Folgen aus heutiger Perspektive positiv oder negativ zu bewerten seien: Begann 1492 die grandiose Verbindung zweier Welten – oder war dieses Datum der Auftakt zum größten Genozid der Menschheitsgeschichte (vgl. TODOROV 1992: 161 f.), dessen tragische Folgen bis weit in die Gegenwart reichen?

In dieser Debatte, die vom Beginn der 1980er Jahre bis zum Jubiläumsjahr mit zunehmender Schärfe geführt wurde, ging es um mehr als die Erinnerung an ein fünfhundert Jahre zurückliegendes historisches Ereignis. Die verschiedenen Geschichtsbilder, so schreibt der Historiker Walther L. Bernecker, «dienen als Medium der Selbsterkenntnis, sie sind kollektive Hingabe und Gründungserinnerung. [...] die Geschichte stiftet verschiedene Identitäten» (BERNECKER 1991: 40). Es ist dieser Bezug zur Gegenwart, der eine Analyse der Diskussionsbeiträge spanischer und lateinamerikanischer Intellektueller, wie sie hier anhand von Texten aus ausgewählten spanischen Printmedien versucht wird, vom landeskundlichen Standpunkt aus so spannend macht.

Warum wird diese Diskursanalyse nun – rund ein Vierteljahrhundert später – publiziert? Das Jahr 2017 markiert den 525. Jahrestag der

Eroberung Amerikas. Auch wenn diesem Datum nur ein Bruchteil der Aufmerksamkeit zuteil werden wird, die der 500. Jahrestag auf sich zog, ist dies doch ein günstiger Moment, um sich diesem Thema wieder zu nähern: ein Moment des Innehaltens, um die hier dargestellte Kontroverse wie auf einer Blitzlichtaufnahme zu betrachten. Dabei zeigt sich: Die Relektüre hält einige Überraschungen bereit. Einige Themen des damaligen Diskurses wirken beim Wiederlesen unvermutet hochaktuell, so etwa die wirtschaftliche und politische Krise Spaniens und der Europäischen Union. Andere Themen, die damals von von staatlicher Seite weit oben auf der Agenda platziert wurden, hat die Geschichte inzwischen auf die hinteren Ränge verwiesen, wie etwa das Konzept einer *Comunidad Iberoamericana*, das nach wie vor hauptsächlich auf dem Papier existiert.

Auch im 21. Jahrhundert dauert die Krise Lateinamerikas weiter an. Das betrifft nicht nur die Situation in Argentinien, das seit der Staatspleite 2001 rund 15 Jahre lang vom internationalen Kapitalmarkt faktisch abgeschnitten war, oder in Venezuela, wo die Bevölkerung seit dem drastischen Ölpreisverfall unter Hyperinflation und Lebensmittelknappheit leidet, sondern die Mehrzahl der lateinamerikanischen Länder. Über die globalen Finanz-, Rohstoff- und Warenströme ist die ‹Neue Welt› heute enger denn je mit der ‹Alten Welt› verbunden. Daher ist der Blick auf die Beziehungen zwischen den beiden Welten so wichtig: Wo gibt es Fortschritte, wo Rückschläge im Verhältnis zwischen Spanien, Europa und Lateinamerika – und wo handelt es sich reine Symbolpolitik? Diese und andere Fragen bezogen auf das vergangene Vierteljahrhundert auch nur annähernd adäquat zu beantworten, würde den Rahmen dieses Vorworts sprengen. Bleiben wir hier also bei 1992 und den zentralen Begriffen *descubrimiento, encuentro, invasión*, die von den höchst unterschiedlichen Debattenteilnehmern für das verwendet werden, was nach Kolumbus' Ankunft geschah.

Gerade aus der Distanz wird deutlich, dass der Streit um Begriffe, der weite Teile der vorliegenden Arbeit konstituiert, keineswegs müßig ist. Sondern dass es sich lohnt, genau hinzuhören und sprachlich genaue Bezeichnungen zu finden; falls nötig, auch zu er-finden. Denn Geschichte ist immer auch kollektive Erinnerung, kollektive Narration. Welche Stimmen erzählen hier was – und wie? Welche Stimmen werden zum Schweigen gebracht? Welche Geschichten werden wieder und wieder erzählt – und nehmen damit so viel Raum ein, dass für andere und neue kein Platz mehr bleibt? Diese Fragen zum 525. Jahrestag der ‹Entdeckung› Amerikas noch einmal neu zu stellen, zu einem differenzierteren europäischen Selbstverständnis zu kommen und einen unvoreingenommenen Blick auf andere Kulturen zu fördern, ist der Sinn der vorliegenden Publikation.

Hamburg, im Dezember 2016   Ursula Debus

1. Einleitung

1.1. Zum historischen Hintergrund des *Quinto Centenario*: der *Cuarto Centenario* und der Panhispanismus in Spanien

Im Jahr 1892, 400 Jahre nach der ‹Entdeckung› Amerikas, gab es in Spanien erstmals eine Hundertjahrfeier zum Gedenken an dieses historische Ereignis. Daß die damaligen Feierlichkeiten – ganz im Gegensatz zu denen von 1992 – bei den spanischen Intellektuellen auf ungeteilte Zustimmung stießen, war auf die ideologische Strömung des Panhispanismus zurückzuführen, die im Laufe des 19. Jahrhunderts zunehmend an Bedeutung gewonnen hatte. Die Ursprünge der panhispanistischen Bewegung, der neben Politikern aller politischen Lager hauptsächlich Intellektuelle angehörten – unter ihnen Benito Pérez Galdós, Miguel de Unamuno, Angel Ganivet und Marcelino Menéndez y Pelayo –, liegen in den 20er Jahren des 19. Jahrhunderts; just in dem Zeitraum, als sich mit der Schlacht von Ayacucho (1824) der Verlust der spanischen Kolonien in Amerika unwiderruflich abzeichnete.

Nach dem Verlust der politischen Einheit zwischen dem spanischen Mutterland und den Ex-Kolonien sah die panhispanistische Bewegung nun das ‹gemeinsame kulturelle Erbe› als noch verbliebenes Band zwischen Spanien und den jungen lateinamerikanischen Republiken an; das auf politischem Gebiet nicht mehr existierende Imperium sollte in diesem Konzept gewissermaßen auf kulturellem Gebiet fortbestehen.

Indem die Panhispanisten die ‹gemeinsame Sprache, Kultur und Geschichte› als Bindeglied zwischen Spanien und ‹Hispanoamerika› beschworen, stellten sie sich nicht nur dem allmählich erstarkenden, von US-amerikanischer Seite forcierten Panamerikanismus entgegen, sondern negierten auch die indigenen Traditionen in den ehemaligen Kolonien. Der peninsulare Panhispanismus entfaltete sich in einer konservativen und einer liberalen Variante, die jedoch, wie Rehrmann schreibt, durch den Grundkonsens zusammengehalten wurden, daß Spanien aufgrund seiner ‹naturgegebenen Superiorität› der Neuen Welt gegenüber ein ebenso ‹naturgegebenes Recht kultureller Mission› besitze (vgl. REHRMANN 1990a: 6). Entsprechend positiv fiel in der panhispanistischen Perspektive denn auch die Beurteilung der vergangenen Epoche der spanischen Kolonialherrschaft in Amerika aus.

Außer dem oben beschriebenen Grundkonsens war für die panhispanistische Bewegung des 19. Jahrhunderts ihr ‹sentimental-rhetorischer Duktus› in ihren Äußerungen zum Thema der spanisch-lateinamerikanischen Kulturbeziehungen charakteristisch (vgl. REHRMANN 1990a: 7). Die panhispanistische Rhetorik, die in der Wirklichkeit der spanisch-lateinamerikanischen Beziehungen nur wenig Entsprechung fand, kennzeichnet den weitaus größten Teil der Äußerungen spanischer Intellektueller und Politiker zum *Cuarto Centenario*.

Trotz vereinzelter kritischer Stimmen blieb der Panhispanismus auch über das 19. Jahrhundert hinaus im konservativen wie im liberalen politischen Lager das hegemoniale ideologische Konzept für die spanischen Kulturbeziehungen zu Lateinamerika. Seine reaktionärste Variante fand er in den Thesen des Falange-Ideologen Ramiro de Maeztu, die dieser 1934 in seiner Schrift *Defensa de la Hispanidad* formulierte.

Einleitung

In der Debatte um den *Quinto Centenario* wird nun erstmals seit der Demokratisierung Spaniens eine intellektuelle Strömung erkennbar, die den panhispanistischen Grundkonsens in Frage stellt (vgl. REHRMANN 1989: 124). Welche aktuellen Varianten des Panhispanismus in der Kontroverse um den *Quinto Centenario* zum Tragen kommen und auf welche Weise die spanischen Feierkritiker mit diesen zu brechen versuchen, soll in der vorliegenden Arbeit aufgezeigt werden.

1.2. Das Staatsprojekt *Quinto Centenario*: Organisation, Aktivitäten, Ziele

1992, so wollte es die spanische Regierung, sollte für die Spanier ein ‹año mítico› werden. Die Feier des fünfhundertsten Jahrestages der Ankunft Kolumbus' in der ‹Neuen Welt›, die Weltausstellung (*Expo*) in Sevilla, deren Motto *La era de los descubrimientos* mit dem *Quinto Centenario* in direkter Verbindung stand, die Olympiade in Barcelona, und schließlich das Festival *europäische Kulturhauptstadt Madrid* – all dies ergab ein beeindruckendes Feuerwerk staatlicher Aktivitäten, die sicherlich nicht zufällig mit zwei weiteren wichtigen Daten zusammenfielen: nämlich mit dem Inkrafttreten des EG-Binnenmarktes und mit dem 10. Jahrestag des Regierungsantritts der PSOE unter der Führung Felipe González'.

Daß es sich bei der Fünfhundertjahrfeier in erster Linie um ein gewaltiges Staatsprojekt handelte, geht allein schon aus der Tatsache hervor, daß nicht weniger als vier staatliche Institutionen eigens zur Durchführung der Aktivitäten zum *Quinto Centenario* geschaffen wurden:

- der *Alto Patronato,* eine repräsentative Institution, die sich aus König Juan Carlos I., Staatschef Felipe González und den wichtigsten Ministern der PSOE-Regierung zusammensetzte;

- die dem Außenministerium angegliederte *Comisión Quinto Centenario del Descubrimiento de América* unter der Leitung des Staatssekretärs Luis Yañez Barnuevo, der gewissermaßen als Vordenker des Unternehmens gelten kann;

- die Sociedad Estatal para la Ejecución de Programas y Actuaciones Conmemorativas del Quinto Centenario del Descubrimiento de América, die mit der Finanzierung der geplanten Projekte betraut war;

- die Conferencia Iberoamericana de Comisiónes para la Conmemoración del Quinto Centenario del Descubrimiento de América / Encuentro de dos Mundos, die die spanischen und die lateinamerikanischen Programme koordinierte.

In weiterem Sinne läßt sich auch noch der *Comisario Regio para la Exposición Universal* zu den staatlichen Institutionen zählen, die mit der offiziellen Erinnerung an die «Großtat von 1492», wie Juan Carlos I formulierte (zitiert nach WOLLNIK 1992: 46), beschäftigt waren.

Die *Sociedad Estatal* lancierte für Lateinamerika Förderungs- und Entwicklungsprogramme in Höhe von mehreren Milliarden Dollar. Für Spanien wurden mit Hilfe eines umfangreichen staatlichen Investitionsprogramms zahlreiche Projekte realisiert, darunter auch der überdimensionierte Ausbau der Infrastruktur um die *Expo* in Sevilla. Insgesamt ließ sich Spanien den *Plan de Cooperación Iberoamericana Quinto Centenario* mehr als 14 Milliarden Dollar kosten.

Parallel zum umfangreichen Investitionsprogramm für Spanien und Lateinamerika starteten die Organisatoren des *Quinto Centenario* mit der Publikation von Büchern, Periodika und Hochglanzbroschüren, mit der Subvention von einschlägigen Kinofilmen, TV-Serien und künstlerischen Ereignissen eine ebenso gigantische ideologische Offensive.

Die Ziele, die die spanische Regierung mit dem oben beschriebenen materiellen und ideologischen Aufwand verfolgte, faßte der spanische Außenminister Javier Solana wie folgt zusammen:

«[...] modernizar nuestras relaciónes con Iberoamerica, difundir en la sociedad española el conocimiento del pasado histórico común y de la realidad iberoamericana actual y dar a conocer en terceros países la realidad de una España en transformación y democrática.» (SOLANA 1992: 16)

Die im obigen Zitat genannte Intention – die Imageverbesserung Spaniens – nannte Yañez Barnuevo auf die Frage nach dem Ziel der Feierlichkeiten an erster Stelle (vgl. YAÑEZ BARNUEVO 1991a: 10).

In- und ausländische Feierkritiker vermuteten jedoch noch ganz andere Zielsetzungen hinter den staatlichen Aktivitäten zum *Quinto Centenario:* vor allem die Öffnung der lateinamerikanischen Märkte für spanische Waren (vgl. ACOSTA 1987: 10; EGAÑA 1990: 159; DIETERICH 1990a: 11) und die Ablenkung der spanischen Gesellschaft von inneren sozialen Krisen (vgl. EGAÑA 1990: 164). Trotz dieser Divergenzen in der Frage nach der Zielsetzung des *Quinto Centenario* dürfte allerdings unstreitig sein, wie Bernecker schreibt, daß die Jubiläumsfeierlichkeiten für Spanien ein hervorragendes Propagandamittel waren, «um das Bild der jungen spanischen Demokratie in der EG entsprechend positiv darzustellen, zukunftsträchtige Investitionen zu mobilisieren und millionenfach Touristen anzulocken» (BERNECKER 1991: 33).

Angesichts der hohen materiellen Aufwendungen für die Fünfhundertjahrfeier läßt sich ermessen, welches Gewicht dem offiziellen Diskurs zukam, der in meiner Arbeit vor allem anhand der Positionen Luis Yañez Barnuevos und Juan Carlos' I. referiert wird. Auf einer anderen, nicht nur verbalen Ebene findet sich dieser offizielle Diskurs (in modifizierter Form) auch in den staatlich finanzierten kulturellen Aktivitäten zum *Quinto Centenario*. Da sich meine Analyse jedoch ausschließlich auf Printmedien bezieht, wird diese zweite Ebene des offiziellen Diskurses nur in besonderen Fällen angedeutet, etwa wenn zum gleichen Thema auffällige Gegensätze zwischen den beiden Diskursebenen bestehen.

1.3. Die spanische Kontroverse um den *Quinto Centenario*

Es war nicht verwunderlich, daß sowohl die von der spanischen Regierung gewählte Terminologie zur Bezeichnung der Gedenkfeier (insbesondere der Begriff des *descubrimiento*) als auch die geplanten Feierlichkeiten überhaupt in Lateinamerika bald auch ablehnende Reaktionen auslösten.

Zum einen mußte die spanienzentrierte ideologische Konzeption bei den lateinamerikanischen Eliten auf Widerstand stoßen – ist es doch das jeweilige Datum gerade der Unabhängigkeit von der spanischen *Madre Patria*, die in den lateinamerikanischen Staaten alljährlich feierlich begangen wird –, zum anderen protestierten die amerikanischen indigenen Organisationen gegen das Ansinnen, den Beginn des Völkermordes an den indigenen Ethnien auch noch zu feiern.

Einleitung

Der Widerstand aus Lateinamerika darf jedoch nicht zu der Fehlannahme verleiten, daß sich in der Debatte um den *Quinto Centenario* Lateinamerikaner und Spanier sozusagen in zwei Lagern gegenübergestanden hätten: auf der einen Seite die feierkritischen Lateinamerikaner, auf der anderen Seite die an einem apologetischen Festival interessierten Spanier. In dem Kaleidoskop von lateinamerikanischen Stimmen zum *Quinto Centenario* machten die Feierbefürworter keinen geringen Teil aus (vgl. FRANK 1991).

Daß sich auch in Spanien selbst Widerstand gegen die vorgesehenen Feierlichkeiten regte, war dagegen aufgrund des panhispanistischen Grundkonsenses, der – wie bereits dargestellt – bis in die jüngste Zeit bestand, relativ überraschend. Linke Intellektuelle wie Rafael Sánchez Ferlosio, Manuel Vázquez Montalbán und Juan Goytisolo gingen mit der nationalen Geschichte und Geschichtsschreibung ins Gericht; regionale Komitees, vor allem aus dem Baskenland und aus Katalonien, thematisierten neben dem externen Kolonialismus auch den ‹internen›, sprich die Unterdrückung peripherer Kulturen auf der Iberischen Halbinsel durch die kastilische Metropole; in spanischen Medien meldeten sich lateinamerikanische Intellektuelle mit kritischen Beiträgen zu Wort.

Die spanische Debatte um den *Quinto Centenario*, die sich aus diesem Widerstand ergab, soll hier nun detailliert untersucht werden. Ziel dieser Analyse von Texten aus ausgewählten spanischen Printmedien ist es, einen Überblick über Genese und Inhalt der Kontroverse zu geben und die dargestellten Positionen spanischer und lateinamerikanischer Intellektueller auf ihren Ideologiegehalt hin zu untersuchen. Sie hat daher sowohl eine deskriptive als auch eine ideologiekritische Komponente. Methodisch wird für beide Komponenten jeweils kontrastiv verfahren: Zum einen werden in der Arbeit die Positionen der Feierbefürworter mit denen der Feierkritiker kontrastiert, zum anderen werden zur Ideologiekritik wissenschaftliche Arbeiten herangezogen, die die jeweils diskutierten Themen zum Gegenstand haben, aber nicht selbst Bestandteil der spanischen Debatte sind[1].

Welche Texte konstituieren aber nun das Korpus dieser Arbeit? Zum einen handelt es sich um Texte aus spanischen wissenschaftlichen und politischen Periodika. Unter letzteren nimmt die auflagenstärkste spanische Tageszeitung, *El País,* eine exponierte Stellung ein. Auf den Seiten der ideologisch der PSOE nahestehenden Zeitung, die von Medienwissenschaftlern treffend als «periódico de referencia dominante» (IMBERT / VIDAL BENEYTO 1986) bezeichnet worden ist, wurde die Debatte um den *Quinto Centenario* seit Anfang der 1980er Jahre in unregelmäßigen Abständen geführt; zweimal (1991 und 1992) widmete sie den Diskussionsbeiträgen aus Spanien und Lateinamerika eine eigene Beilage. Wiewohl der Hinweis des Soziologen Heinz Dieterich, daß *El País* auch umfangreiche materielle Interessen über den *Quinto Centenario* verwirklicht habe (vgl. DIETERICH 1990c: 67), berechtigt ist, so kann man doch Rehrmann zustimmen, der die in dieser Zeitung geführte Diskussion als gelungenes Beispiel von Debattenkultur bezeichnet (vgl. REHRMANN 1991: 970).

Weiterhin habe ich vier Diskussionsbeiträge in Buchform in die Analyse einbezogen. Drei davon haben selbst Debattencharakter: Der von Heinz Dieterich herausgegebene Band *Nuestra América frente al V Centenario* (1989), der zuerst in Spanien und Mexiko und ein Jahr später in Italien, Frankreich, der Bundesrepublik, Chile und Kuba erschien, versammelt Diskussionsbeiträge überwiegend lateinamerikanischer Intellektueller; die von dem spanischen Historiker Francisco de Solano herausgegebene Anthologie *Proceso histórico al conquistador* (1988) enthält Beiträge spanischer und lateinamerikanischer Akademiker; und der Band *Expoforum '92. Umbrales del grandes descubrimientos: 1492-1992* (1990), vom Organisationsbüro der *Expo* ediert, dokumentiert ebenfalls Positionen spanischer und lateinamerikanischer Wissenschaftler. Die vierte für die Analyse relevante Buchneuerscheinung ist *El laberinto de la hispanidad* (1987) von dem spanischen Ästhetiker Rubert de Ventós, da dessen Thesen für eine ganze Reihe spanischer Diskussionsteilnehmer paradigmatisch sind.

Um der sich aus der Fülle der Autoren und Positionen ergebenden Gefahr der Unübersichtlichkeit und Oberflächlichkeit entgegenzuwirken, habe ich mich darauf beschränkt, jeweils exemplarische Positionen zu referieren. Wenn die ausgewählten Primärtexte auch für die Debatte repräsentativ sind, so erhebt die vorliegende Darstellung doch keinen Anspruch auf Vollständigkeit. Neben den analysierten diskursiven ‹Fronten› existieren noch zahlreiche weitere Nuancen in der Kontroverse, die hier unberücksichtigt bleiben mußten.

Die analysierte Primärliteratur aus dem Zeitraum zwischen 1981 und 1992 umfaßt ein breites Spektrum der spanischen und lateinamerikanischen Intelligenz: Historiker, Anthropologen, Soziologen, Politologen, Juristen, Philosophen, Schriftsteller und Journalisten. Die Gesamtheit dieser vielfältigen Diskussionsbeiträge konstituiert trotz ihrer Heterogenität einen kohärenten Dialog über bestimmte, immer wiederkehrende Themen. Nach diesen die Debatte bestimmenden Themen ist die vorliegende Analyse gegliedert.

Da die diskutierten Sujets sich auf unterschiedliche historische, gegenwärtige und zukünftige Probleme beziehen, folgen sie (mit Ausnahme des Exkurses über die Position der indigenen Organisationen Lateinamerikas) chronologisch aufeinander: Beginnend mit der historischen Kontroverse – die Expedition des Kolumbus 1492, die politischen Ereignisse auf der Iberischen Halbinsel im Jahr 1492, Conquista und Kolonialzeit –, die erwartungsgemäß den größten Teil der Debatte ausmacht, analysiert die Arbeit auch die von den Diskussionsteilnehmern entworfenen Bilder des gegenwärtigen Lateinamerika und die angebotenen Zukunftsperspektiven für die spanisch-lateinamerikanischen kulturellen und politischen Beziehungen. Die Arbeit schließt mit der Analyse der globalen Perspektiven, die in der Diskussion mit Hinblick auf die nahe Jahrtausendwende ebenfalls thematisiert wurden.

Der Exkurs über die Position der indigenen Organisationen Lateinamerikas rechtfertigt sich von daher, daß einige (wenn auch wenige) Teilnehmer der Debatte zu der indigenen Position Stellung nehmen; darüberhinaus halte ich es für sinnvoll, zum Thema des Völkermordes an den Indianern die Perspektive der Sieger mit der Perspektive der Besiegten zu kontrastieren.

Der Begriff *Indianer* (spanisch: *indio*) bedarf an dieser Stelle einer kurzen Kommentierung. Diese Bezeichnung, die auf Kolumbus' Irrtum beruht, nach Indien gelangt zu sein, war von Anfang an rassistisch konnotiert, da sie die kulturelle Vielfalt Altamerikas ignorierte und die unterschiedlichen Kulturen der Aimara, Guaraní, Maya, Quechua usw. einfach unter einen einzigen Begriff subsumierte, der den Europäern als Synonym für *barbarisch* galt. Wenn in meiner Arbeit von *Indianern* oder *Indios* die Rede ist, so benutze ich diesen Begriff, der vor allem in Lateinamerika seine pejorative Bedeutung nie verloren hat (vgl. hierzu ROJAS MIX 1991: 35 ff.), aus Mangel an Alternativen: selbst die relativ wertneutral klingende Bezeichnung *indígenas* (englisch: *natives)* ist aus dem obengenannten Grund problematisch.

Meine Gliederung der Analyse orientiert sich bewußt nicht an der Zugehörigkeit der Diskussionsteilnehmer zu bestimmten politischen und sozialen Gruppen, die etwa zu Vázquez Montalbáns scharfzüngiger Kategorisierung führte, daß spanischerseits drei Konzeptionen der Geschichte seit 1492 diskutiert würden:

«[...] la nacional-católica racista, la de la izquierda antiimperialista y un intento de síntesis, quizá protagonizado por la jerarquía del PSOE, que trate de proponer una epopeya autocrítica, pero epopeya al fin.» (VAZQUEZ MONTALBAN 1986: 9)

Diese Kategorisierung bestätigte sich zwar *grosso modo* im Verlauf meiner Lektüre der zahlreichen Diskussionsbeiträge; sie erwies sich jedoch letzten Endes als ungeeignetes Instrument im Hinblick auf die Zielsetzung meiner Arbeit, die spanische Debatte um den *Quinto Centenario* inhaltlich möglichst genau darzustellen: zu unscharf waren die Grenzen zwischen ‹konservativen› und ‹liberalen› Positionen; zu oft lagen die vertretenen Positionen überhaupt quer zu den politischen Lagern.

Über das gesellschaftliche Gewicht der hier dargestellten Strömungen kann nur spekuliert werden; hierzu sei nur so viel angemerkt, daß die Majorität der Diskussionsteilnehmer «Sowohl-als-auch-Positionen» (BERNECKER 1991: 37) bevorzugt, die sich bei näherem Hinsehen meist als apologetisch erweisen. Auf das (soziologische) Problem der gesellschaftlichen Resonanz der Debatte werde ich am Schluß meiner Arbeit noch einmal zurückkommen.

2. Die historische Kontroverse

2.1. 1492: Kolumbus' Ankunft in der ‹Neuen Welt›

In ihrer Anfangsphase drehte sich die Debatte um den *Quinto Centenario* vor allem um die Frage, was am 12. Oktober 1492 eigentlich geschehen sei, an jenem Tag, als Kolumbus, mit drei Karavellen im Auftrag der spanischen Krone auf der Suche nach dem westlichen Seeweg nach Asien, schließlich die Antilleninsel Guanahaní erreichte, die er «San Salvador» taufte. Konnte man wirklich von einer *Entdeckung* sprechen, wo doch die amerikanische Urbevölkerung – für die Kolumbus' ‹Entdeckung› katastrophale Folgen haben sollte – den Kontinent Tausende von Jahren vor Kolumbus entdeckt hatte[2]? Widerstand gegen den spanischen offiziellen Begriff des *descubrimiento* kam denn auch zuerst aus Lateinamerika. Hier war es der mexikanische Historiker Miguel León-Portilla, der der Kontroverse eine entscheidende Wendung gab, indem er vorschlug, statt von einem *descubrimiento* von einem *encuentro entre dos culturas* zu sprechen; ein Vorschlag, der trotz rascher internationaler positiver Aufnahme sofort auch harsche Kritik provozierte. Die Gegner des *Quinto Centenario* diesseits und jenseits des Atlantiks lehnten sowohl den Begriff des *descubrimiento* wie auch den des *encuentro* ab und sprachen stattdessen von *encontronazo, encubrimiento* oder *invasión*. Die Bedeutung dieses Begriffsstreits ist nicht zu unterschätzen, ist in ihm doch die gesamte Problematik der Debatte um den *Quinto Centenario* schon *in nucleo* angelegt.

Mit der Interpretation des Ereignisses vom 12. Oktober 1492 ist auch die seit Jahrhunderten kontroverse Frage nach der Interpretation der Person des ‹Entdeckers›, Christoph Kolumbus, verknüpft. Hierzu schreibt Hermann Glaser anläßlich einer Rezension der neuesten wissenschaftlichen Publikationen über Kolumbus:

> «Es gibt wohl kaum eine Gestalt der Weltgeschichte, die von derart vielen Legenden, Mutmaßungen, Behauptungen und Fälschungen verhüllt ist wie die des Genuesers; selbst seine Herkunft [...] ist mit Fragen verbunden. [...] Unter welchem Aspekt auch immer –ein eindeutiges Bild von Kolumbus, der sich in Italien Christoforo Colombo, in Portugal Cristóvao Colóm, in Spanien Cristóbal Colón nannte, ist schwerlich auszumachen.» (GLASER 1991: 18)

Interessanterweise spielen jedoch im Vorfeld des *Quinto Centenario* diese Fragen nur eine untergeordnete Rolle. Dieses Phänomen hat einerseits mit Veränderungen in der Methodologie der Geschichtswissenschaft zu tun – Geschichte wird heute nicht mehr als Werk ‹großer Männer› verstanden, sondern als komplexer gesellschaftlicher Prozeß –, zum anderen hat das offizielle Spanien heute mehr Interesse an der Betonung europäischer Gemeinsamkeiten als an der Wiederbelebung alter innereuropäischer Rivalitäten um die Person des ‹Entdeckers›. So heißt es schon 1985 in einem Leitartikel von *El País*:

> «La aspiración al protagonismo exclusivo y excluyente en la historia de las expediciones marinas y de las ocupaciones de tierras americanas podría suscitar en Europa rivalidades tan ridículas como la que ha enzarzado tradicionalmente a españoles y italianos en torno a la figura de Cristóbal Colón.» (*El País* 28.7.1985: 10)

Die relative Distanz zum Kolumbus-Thema wird besonders augenfällig, wenn man den *Quinto Centenario* mit dem *Cuarto Centenario* vergleicht: 1892 stand die Person Kolumbus' absolut im Vordergrund der Gedenkfeierlichkeiten, und in Spanien war man hauptsächlich bemüht, den Nimbus des ‹Entdeckers› exklusiv für sich zu reklamieren³. So protestierte Spanien damals gegen universale Gedenkfeiern zu Ehren des Admirals (für die sich u. a. Italien und die USA ausgesprochen hatten), da mit solchen Feiern das nationale Verdienst Spaniens um die ‹Entdeckung› nicht genügend gewürdigt werde (vgl. BERNABEU 1987: 109). Im Jahr 1988 dagegen wurde von spanischer Seite die Universalisierung des *Quinto Centenario* durch Beschluß der UNESCO ausdrücklich begrüßt (vgl. JAUREGUI 1989: 5).

In eklatantem Gegensatz zum relativ bescheidenen diskursiven Umgang mit dem Kolumbus-Thema stand allerdings der materielle Aufwand zur Fünfhundertjahrfeier in dieser Hinsicht: So wurden spanische Techniker damit beauftragt, Kolumbus' Schiff *Santa Maria* in den Gewässern vor Haiti zu orten und gegebenenfalls zu heben; die drei historischen Karavellen wurden originalgetreu nachgebaut; Leonardo Balado komponierte für 250 Millionen Pesetas die pompös-hagiographische Oper *Cristóbal Colón* (das Libretto schrieb Antonio Gala); und die *Comisión Quinto Centenario* subventionierte verschiedene filmische Kolumbusversionen, darunter die an historischen Fakten nur wenig interessierte von Ridley Scott (*1492 – die Eroberung des Paradieses*)⁴ und sogar einen von *Rambo II*-Regisseur Pan Cosmatos geplanten Kolumbusfilm, was in der spanischen Presse zahlreiche Proteste hervorrief.

Die Widersprüchlichkeit der offiziellen Haltung, die sich nicht nur in diesem Punkt erweist, ist insbesondere von dem katalanischen Schriftsteller Manuel Vázquez Montalbán scharf kritisiert worden (s. Kap. 2.1.3).

2.1.1. Die Problematisierung des *descubrimiento*-Begriffes

In ihren ersten Erklärungen zu den geplanten Feierlichkeiten sprachen die spanischen Regierungsvertreter 1981, ganz der traditionellen Terminologie folgend, von einer *Celebración del Descubrimiento de América*. Diese Terminologie sollte jedoch schon bald auf lateinamerikanischen Widerstand stoßen. Anläßlich einer offenen Ausschreibung für Beiträge zum *Quinto Centenario del Descubrimiento y de la Conquista de América* in Mexiko, die als Gegenpol zu den Feiern in Spanien gedacht war, beanstandeten lateinamerikanische Intellektuelle sehr bald das Wort *descubrimiento*. Man einigte sich in Mexiko schließlich auf die Bezeichnung *Quinto Centenario de la Conquista de América* – die erste große Divergenz zur spanischen Position war damit deutlich geworden. Da Madrid aber vor allem an einem geschlossenen Auftreten der ‹iberoamerikanischen Gemeinschaft› gelegen war, blieb es nicht bei diesen unterschiedlichen Formulierungen: eine neue, für Spanier und Lateinamerikaner konsensfähige Formel sollte gefunden werden. 1984 machte Miguel León-Portilla, damaliger Koordinator der mexikanischen Kommission für die Jubiläumsfeierlichkeiten, mit dem Vorschlag des *encuentro*-Begriffes einen entscheidenden Schritt in diese Richtung. Noch im gleichen Jahr konnte er durchsetzen, daß die neue Bezeichnung *encuentro de dos mundos* in einer internationalen Konvention als die offizielle akzeptiert wurde.

Der Historiker León-Portilla, bekannt vor allem durch seine auf Náhuatl-Texten aus dem 16. und 17. Jahrhundert basierenden Studie *Visión de los Vencidos* (1959), die die Conquista aus der Sicht der Azteken zeigt, rechtfertigte den von ihm geprägten Begriff des *encuentro* unter indirekter Bezugnahme auf die obengenannte Studie wie folgt:

«Hoy, a casi cinco siglos de distancia, cuando los hombres de maíz, indígenas de América, contemplan fundidas su sangre y su cultura con las de los hombres de barro venidos de más allá de las aguas inmensas, atendiendo a los antiguos testimonios nativos acerca del encuentro y también a las realidades del mundo nuestro contemporáneo, nos percataremos de que no es posible seguir mirando los hechos desde una sola perspectiva. En el largo proceso histórico, sucesión de aconteceres y génesis de ideas, ha llegado el momento de abrir el enfoque para abarcar por igual a unos y otros de los protagonistas con sus respectivas puntos de vista sobre el encuentro original, sus consecuencias y las posibilidades que abre en el presente.» (zitiert nach MOLINA MARTINEZ 1991: 116).

Ende 1988 konnte León-Portilla einen weiteren Erfolg für seine Interpretation verbuchen – auf mexikanischen Antrag hin beschloß die UNESCO einstimmig die Universalisierung der Fünfhundertjahrfeier: Die *Begegnung zweier Welten* bedeute ein neues Kapitel in der Geschichte der Menschheit, da sie zur ‹gegenseitigen Entdeckung aller Völker› und damit zum Beginn globaler Prozesse geführt habe, die das Bild der Welt veränderten (vgl. BERNECKER 1991: 34). León-Portillas Erfolg war um so beachtlicher, als die UNESCO zwei Jahre zuvor die Unterstützung von Feiern der *Entdeckung* Amerikas mit der Begründung abgelehnt hatte, der Begriff der *Entdeckung* sei mit kolonialistischen Reminiszenzen behaftet und darüberhinaus unangebracht, da der amerikanische Kontinent schon vor den Spaniern von seinen Ureinwohnern entdeckt worden sei. Die neue Formel des *encuentro de dos mundos* wurde trotz ihres internationalen Erfolges jedoch auch bald zur Zielscheibe heftiger Kritik vor allem aus Lateinamerika und später auch aus Spanien. 1990 setzten sich die Kulturminister der lateinamerikanischen Staaten mit den konkurrierenden Begriffen *descubrimiento* und *encuentro* auseinander. Ihre Konferenz verabschiedete nach erheblichen internen Begriffskämpfen schließlich eine *carta latinoamericana*, in der dem Begriff des *encuentro* noch der der *confrontación* zur Seite gestellt wurde. In der Charta heißt es:

«La conmemoración del V Centenario representa ocasión propicia para examinar las consecuencias del encuentro y la confrontación de pueblos y culturas, sus influencias recíprocas, sus aportaciónes mutuas y las transformaciones profundas que resultaron de las mismas para la evolución general de la región y de la humanidad.» (zitiert nach *El País* 25.9.1990: 34)

Schließlich beauftragten die lateinamerikanischen Staaten ihre nationalen Kommissionen mit der Erinnerung an die *Begegnung zweier Welten* – hiermit ihre Ablehnung der eurozentrisch geprägten Geschichtsbetrachtung zum Ausdruck bringend – , während die Spanier in der Benennung ihrer Kommission für die Vorbereitung des *Quinto Centenario del Descubrimiento de América / Encuentro de dos Mundos* eine Kompromißformel zwischen der Betonung des nationalen Verdienstes und der Rücksichtnahme auf die lateinamerikanische Perspektive gefunden hatten.

Der Begriffsstreit war damit jedoch nicht beendet. Jacqueline Covo weist darauf hin, daß im Laufe der Kontroverse der verwendeten Terminologie immer größere Bedeutung beigemessen wird, was zur Folge hat, daß nicht wenige Intellektuelle das Begriffsproblem mit Hilfe von Euphemismen oder Elipsen zu umgehen versuchen: Begriffe wie «Quinto Centenario de 1492», « - del primer viaje de Colón», « - del 12 de octubre» oder « - del año del contacto» sind solche Versuche, semantischen Fallen zu entgehen. Diese linguistischen Manöver können jedoch auch selbst zur Falle geraten, wie Covo an einem Textbeispiel zeigt (vgl. COVO 1992: 272 f.).

2.1.2. Descubrimiento oder encuentro?

Kritik an León-Portillas Konzept von der *Begegnung zweier Welten* kam nicht nur von seiten der Feiergegner, sondern auch von den Vertretern eines traditionellen Geschichtsbildes in Spanien sowie von españolistisch eingestellten lateinamerikanischen Intellektuellen, die nur den Terminus *descubrimiento* gelten lassen wollten.

Der spanische Schriftsteller Julián Marías lehnt den Begriff *encuentro* mit der Begründung ab, daß es sich 1492 bei der ‹Entdeckung› Amerikas eben gerade nicht um eine bidirektionale Bewegung gehandelt habe, sondern um eine einseitig von Ost nach West gerichtete; daher könne man erst einige Zeit später von *Begegnungen* sprechen (vgl. MARIAS 1990: 15). Marías greift den Begriff *encuentro* nicht im folgenden nicht mehr auf und setzt sich dafür mit dem Argument auseinander, daß Amerika schon vor Kolumbus entdeckt worden sei:

> «A veces se dice que alguien llegó a América antes que Colón. Es posible, sí, pero no la descubrió: llegó a América tal vez alguien, no lo discuto, pero no pasó nada, no le pasó nada a Europa, no le pasó nada a América. Los europeos no se enteraron de que existía América, y los americanos no se enteraron de que habían sido descubiertos. [...] A partir de 1492 se forma precisamente una unidad distinta y aparece entonces el conjunto del Mundo [...].» (MARIAS 1990: 16)

Die Formulierung «y los americanos no se enteraron de que habían sido descubiertos» dürfte in ihrer Eurozentriertheit kaum noch zu überbieten sein; doch die Absicht, die ‹Entdeckung› als hauptsächliches Verdienst des von der spanischen Krone beauftragten Admirals herauszustellen, teilt Marías mit einigen weniger plump argumentierenden Intellektuellen, so auch mit dem bekannten spanischen Historiker Carlos Seco Serrano. Dieser sieht in der ‹Entdeckung› Amerikas, die er als die Ausdehnung des Abendlandes in eine bis dahin unbekannte Hemisphäre definiert, den wichtigsten Beitrag Spaniens zur Renaissance in ihrer wissenschaftlichen Dimension und den Beginn eines neuen, positiv zu bewertenden Transkulturationsprozesses (vgl. SECO SERRANO 1991: 14). Mit seiner ungebrochen eurozentristischen Argumentation geht es Seco Serrano jedoch um mehr als eine historische Ehrenrettung Spaniens: nämlich um den Erhalt des spanischen Staates. Das von vielen Seiten gezeigte Bestreben, so Seco Serrano, die Realität Spaniens zu verdunkeln und gerade das zu verleumden, worin seine historische Größe bestehe, habe das gefährliche Wiedererstarken zentrifugaler und sezessionistischer Kräfte zur Folge: «Insolidaridad entre los pueblos y las gentes de España, insolidaridad ante la gloriosa historia común. He aquí la gran amenaza» (SECO SERRANO 1991: 14).

Mit diesem Hinweis offenbart der Autor die eindeutig ideologischen Beweggründe für seine Verkürzung der spanischen Kolonialgeschichte auf ein identitätsstiftendes nationales Heldenepos.

Der Mexikaner Antonio Gómez Robledo begründet sein Festhalten am Begriff der *Entdeckung* ebenfalls mit dem 1492 eingeleiteten Akkulturationsprozeß:

«Si rechazamos el término descubrimiento es porque no queremos aceptar que fuimos incardinados a una cultura incomparablemente superior a la nuestra y en civilización también [...].» (zitiert nach MOLINA MARTINEZ 1991: 119)

Ein Vergleich der spanischen Zivilisation mit den autochthonen Zivilisationen Mesoamerikas hinsichtlich ihres technischen Entwicklungsstandes lasse an der Superiorität der ersteren keinen Zweifel aufkommen, begründet der Autor seine Position. Die Eingliederung des Indio in die westliche Zivilisation sei positiv zu bewerten, da erst sie ihn vollständig zum Menschen gemacht habe (in den autochthonen Kulturen hätte die Masse der Indios ohne Möglichkeit zum sozialen Aufstieg ein tierähnliches Dasein fristen müssen, so Robledo). Ohne das *encubrimiento* der autochthonen Kulturen durch die okzidentale Kultur hätte Amerika heute nicht teil an der ‹wunderbaren kulturellen Welt von Parmenides bis Sartre› (vgl. MOLINA MARTINEZ 1991: 119 f.).

Robledos Apologie der Kolonisierung stützt sich damit im wesentlichen auf die Verkennung der desolaten indigenen Lebensrealität unter der spanischen und später mestizischen Herrschaft sowie auf die Betonung des kulturellen Aspektes unter Ausblendung ökonomischer, sozialer und politischer Gesichtspunkte.

Während die obengenannten Autoren an der Bezeichnung *Entdeckung* festhalten, um das spanische Verdienst bei der ‹Entdeckung› Amerikas zu betonen, begründet eine andere Gruppe von Autoren ihr Festhalten an diesem Begriff mit Argumenten, die die Rolle Spaniens zugunsten einer Glorifizierung der Rolle Gesamteuropas relativieren. Der spanische Schriftsteller Francisco Ayala, der spanische Historiker Carlos Martínez Shaw, der mexikanische Historiker Silvio Zavala wie auch viele andere Intellektuelle definieren in Anlehnung an die bereits referierte Position der UNESCO die ‹Entdeckung› Amerikas als eine gewaltige Leistung des menschlichen Geistes, die eine neue Ära der

Menschheitsgeschichte eröffnete: die vorher ohne Kenntnis voneinander existierenden Teilwelten verbanden sich 1492 zu *einer* Welt; die Universalgeschichte begann. Von allen genannten Autoren wird hervorgehoben, daß die hieraus resultierenden – positiv bewerteten – universalen Veränderungen nicht als alleinige Leistung Spaniens, sondern als Ergebnis vielfältiger Beiträge der europäischen Kulturen der Renaissance zu betrachten seien (vgl. AYALA 1989: 2; MARTINEZ SHAW 1989: 6; MOLINA MARTINEZ 1991: 118). Dem Begriff des *encuentro* stehen diese Autoren skeptisch gegenüber: so greift Zavala das schon bekannte Argument wieder auf, Begegnungen hätten erst nach 1492 stattgefunden, nämlich bei der Begegnung der Spanier mit den indigenen Hochkulturen (vgl. MOLINA MARTINEZ 1991: 118) – ein im Grunde rassistisches Argument, da nur diese Hochkulturen als der europäischen Kultur gleichwertig betrachtet werden – und Ayala bezeichnet den Begegnungsbegriff als

«[...] beatífica versión apaciguadora [...], formula sólo aceptable si al vocablo se reconocen sus menos idílicas acepciones, ya que tal ‹encuentro› consistió en destruir y absorber las culturas indígenas [...]» (AYALA 1991: 8).

Obwohl die obengenannten Intellektuellen sich der Schattenseiten der ‹Entdeckung› Amerikas bewußt sind – dies zeigt beispielsweise Ayalas Kritik am Begriff des *encuentro* – liegt ihnen vor allem daran, die positiven Konsequenzen des historischen Ereignisses zu unterstreichen. So überschreibt etwa Martínez Shaw seinen Beitrag für *El País* mit dem Titel «Menos masoquismo – motivos para celebrar un descubrimiento» (MARTINEZ SHAW 1989: 6), und Ayala schlägt einen bewundernden Bogen von der Landung der drei spanischen Karavellen in Amerika zur Landung der ersten bemannten Raumfähre auf dem

Mond (vgl. AYALA 1989: 2) und von der Kolonisation Amerikas zur universellen Ausbreitung der modernen technischen Zivilisation:

«Precisamente ahí [1492] se abre el proceso que con energía que bien merece el calificativo de desbordante, asimila a la civilización moderna las tierras ahora descubiertas, abriendo paso hacia un mundo unificado en la presente ‹aldea global›.» (AYALA 1991: 8)

Im Zusammenhang mit der Relativierung der Rolle Spaniens und der Betonung der universalen Bedeutung des Ereignisses von 1492 kam es schließlich auch zu konvergierenden Tendenzen zwischen den Vertretern des Entdeckungs- und denen des Begegnungsbegriffes. Die Konvergenzen verstärkten sich mit dem Näherrücken des Jubiläumsjahres und wurden nicht zuletzt von dem Urheber des Begegnungsbegriffes, Miguel León-Portillla, unterstützt:

«Para un europeo, ir ahí, al Nuevo Mundo, era ir descubriendo. En cambio, para los indígenas significó que su cultura era destruida. [...] No son antagónicos el concepto de encuentro y el concepto de descubrimiento; son, diríamos, reflejo de dos perspectivas.» (LEON-PORTILLA 1990: 111)

Auf Seiten derjenigen, die ursprünglich den Entdeckungsbegriff favorisiert hatten, wurde zunehmende Offenheit gegenüber dem Begegnungsbegriff signalisiert. Am auffälligsten ist der terminologische Wandel bei Luis Yañez Barnuevo. Hatte er 1988 noch den Begriff des *descubrimiento* verteidigt (vgl. YAÑEZ BARNUEVO 1988: 18), so sprach er im darauffolgenden Jahr vom «impropiamente llamado *descubrimiento*» (YAÑEZ BARNUEVO 1989: 22) und von der «innegable fraternidad que siempre [...] se ha extendido sobre nuestro *encuentro* permanente» [Hervorhebung von mir] (YAÑEZ BARNUEVO 1989:

22). Die beiden letzteren Formulierungen finden sich in einem Zeitungsartikel, in dem Yañez Barnuevo für das politische Projekt einer ‹Comunidad Iberoamericana› (s. Kap. 5.1.) wirbt – offensichtlich wird hier die eurozentrische Terminologie aus taktischen Gründen aufgegeben.

Auch die Organisatoren der *Expo* distanzierten sich vom unilateralen und eurozentrischen Bedeutungsgehalt der Bezeichnung *descubrimiento*, mochten auf den Begriff jedoch gleichwohl nicht verzichten – mit der etwas fadenscheinigen Begründung, daß jede Entdeckung eine Begegnung voraussetze (vgl. MOLINA MARTINEZ 1991: 115). Der Grund für derlei «linguistische Pirouetten» (REHRMANN 1991: 966) dürfte wohl am ehesten in dem Bemühen zu suchen sein, einen möglichst breiten Interessenkreis für die *Expo* zu gewinnen.

Nicht wenige Teilnehmer der Debatte sehen die Begriffe *descubrimiento* und *encuentro* jedoch als unvereinbar an und akzeptieren nur den letzteren als adäquat. Diese Position findet sich hauptsächlich unter lateinamerikanischen Intellektuellen. Die Ablehnung des Terminus *descubrimiento* wird meist mit dem Argument begründet, daß der von Kolumbus ‹entdeckte› Kontinent schon bewohnt und daher schon entdeckt war.

Einer der führenden Theoretiker der lateinamerikanischen Identitätsdiskussion, der Kubaner Roberto Fernández Retamar, formuliert dieses Argument mit sarkastischem Humor:

«Madrid, París, Venecia, Florencia, Roma, Nápoles, y Atenas fueron descubiertas en 1955 por mí (que en 1947 ya había descubierto Nueva York), y en 1956 descubrí también Londres, Amberes y Bruselas. Sin embargo, fuera de unos pocos de mis poemas y cartas, no he encontrado ningún otro texto en que se hable de tan interesantes descubrimientos. Supongo que ha pesado a favor de este silencio clamoroso el hecho de que cuando llegué por primera vez a esas ilustres ciudades ya había bastante gente en ellas. Un razonamiento similar me ha impedido siempre aceptar que la llegada, hará pronto cinco siglos, de unos cuantos europeos al continente en que nací y vivo sea llamada pomposamente ‹Descubrimiento de América›.» (FERNANDEZ RETAMAR 1992: 89)

Auch der uruguayische Schriftsteller und Journalist Mario Benedetti weist den Begriff der *Entdeckung* zurück, da er für eine einseitige spanisch-europäische Entdeckung stehe, die so jedoch nicht stattgefunden habe; die wirklichen historischen Ereignisse seien überdies kein Grund zum Feiern:

«En realidad América fue descubierta por sus primitivos pobladores, y en todo caso fueron los aborígines quienes descubrieron los Conquistadores, y por cierto no debe haber sido un descubrimiento demasiado agradable.» (BENEDETTI 1992: 18)

Benedetti begrüßt die zunehmende Ersetzung des Entdeckungsbegriffes durch den der *Begegnung zweier Welten* im offiziellen spanischen Diskurs, schränkt aber ein, daß es sich weniger um ein *encuentro* als vielmehr um ein *encontronazo* gehandelt habe (vgl. BENEDETTI 1992: 18).

Der spanische Ästhetiker Xavier Rubert de Ventós schließlich kritisiert den Gebrauch der Bezeichnung *descubrimiento* als Beharren auf den idealistischen Kriterien Hegels[5] und plädiert für die Verwendung des Begriffs *encuentro,* dessen implizite Bilateralität er allerdings so weit strapaziert, daß die ‹Begegnung› nun nicht mehr nur für die Indianer, sondern auch für die Spanier tragisch erscheint:

«[...] un encuentro puro [...] cuyo carácter traumático rebasaba la voluntad misma de las partes, que no habían desarrollado anticuerpos físicos ni culturales que preparasen la amalgama. De ahí que ésta fuera necesariamente trágica y que ni de una parte ni de otra haya podido ser vivida más que rebozada en el mito.» (RUBERT DE VENTOS 1987: 18 f.)

Wie dieses Beispiel zeigt, birgt der Begriff des *encuentro* eine äußerst fragwürdige Tendenz zur Harmonisierung völlig unterschiedlicher historischer Erfahrungen. Hiermit dürfte die im Gebrauch des Begriffes immer wieder zu beobachtende Ambivalenz zusammenhängen: Trägt der Begegnungsbegriff einerseits zur Überwindung des eurozentrischen Denkens bei (indem er auf die Sichtweise des Anderen aufmerksam macht), so ‹modernisiert› er andererseits die eurozentrische Perspektive, indem er sie für mit der indianischen Perspektive für harmonisierbar erklärt.

2.1.3. Encubrimiento, encontronazo, invasión

Eine dritte Gruppe spanischer und lateinamerikanischer Autoren lehnt sowohl den Begriff des *descubrimiento* als auch den des *encuentro* ab. Die meisten von ihnen sprechen sich entschieden gegen die Fünfhundertjahrfeier aus, andere optieren für eine *conmemoración* der Schattenseiten des historischen Ereignisses.

Die Polemik gegen den *encuentro-Begriff* wurde dabei wesentlich von der Kontroverse zwischen Miguel León-Portilla und dem mexikanischen Philosophen Edmundo O'Gorman geprägt, die sowohl in Lateinamerika wie in Spanien eine breite Rezeption unter den Intellektuellen erfuhr.

O'Gorman, Autor zwei klassischer Werke zum umstrittenen Thema (*La idea del descubrimiento de América* (1951) und *La invención de América* (1957)), warf León-Portilla vor, ein ‹Meisterwerk der Zweideutigkeit› verfaßt zu haben und die Gedenkfeierlichkeiten nicht klar abzulehnen, sondern ihnen im Gegenteil noch Vorschub zu leisten, indem er das Ereignis umdeute (vgl. MOLINA MARTINEZ 1991: 116 f.). Das Bild der *Begegnung* qualifiziert O'Gorman als Euphemismus, der dazu diene, die Wirklichkeit der Eroberungskriege, der Unterwerfung und Vernichtung der Urbevölkerung und die Vernichtung ihrer Kulturen nicht beim Namen nennen zu müssen (vgl. BERNECKER 1991: 34). Zentral für die Kritik O'Gormans ist die Ablehnung einer Gedenkfeier überhaupt; in dem Begriffsstreit um die Benennung der Feier sieht der Philosoph den unseriösen Versuch, die dunklen Seiten der Geschichte, die dem Festcharakter einer *celebración* entgegenstehen, mit linguistischen Mitteln zu eskamotieren:

> «Festéjense, pues, los aniversarios de la creencia de Colón en haber alcanzado regiones asiáticas, el día 12 de octubre de 1492, ya como el *descubrimiento de América,* ya como *encuentro de dos mundos,* ya como *día de la raza* [...]. Pero ante el caos de tanta posible diversidad sería aconsejable que, así como en las iglesias cristianas sin especificar denominación, se venera al mismo Dios con distintos rostros, se unan fraternalmente todas las naciones interesadas y que cada una queme incienso en el altar de su devoción pero quien tenga respeto al fuego de la verdad histórica sabrá que se festeja gato por liebre.» (zitiert nach MOLINA MARTINEZ 1991: 117)

Eduardo, vor allem durch sein Werk *Las venas abiertas de América Latina* (1971) in Lateinamerika wie in Europa bekannt, weist den Entdeckungsbegriff nicht nur wegen der Tatsache zurück, daß der Kontinent zum Zeitpunkt seiner ‹Entdeckung› bereits von seinen Ureinwohnern entdeckt war, sondern auch wegen der erkenntnistheoretischen Implikationen des Begriffes: «También se podría decir que América no fue descubierta en 1492 porque quienes la invadieron no supieron, o no pudieron, verla» (GALEANO 1984: 26).

Mit der Formulierung «quienes la invadieron» signalisiert Galeano seine Übereinstimmung mit der Sichtweise der indigenen Organisationen Lateinamerikas, die den Entdeckungswie den Begegnungsbegriff gleichermaßen ablehnen und die Ereignisse von 1492 konsequent als *invasión* bezeichnen (s. Kap. 3.).

Weiterhin greift Galeano hier die Argumentation O'Gormans auf, daß die Europäer, indem sie ihre Kultur als superiore betrachteten, das genuine Anderssein des amerikanischen Kontinents nicht wahrnehmen konnten[6]. Daher urteilt Galeano abschließend:

«Ninguna empresa imperial, ni las de antes ni las de ahora, descubre. La aventura de la usurpación y el despojo no descubre: encubre. No revela: esconde.» (GALEANO 1984: 27)

Auch mit dieser Äußerung stellt sich der Schriftsteller auf die Seite der indigenen Organisationen: Diese hatten im Vorfeld des *Quinto Centenario* eine kontinentweite Kampagne des «autodescubrimiento de Nuestra América» (zitiert nach BERNECKER 1991: 39) initiiert, um auf eben diese ‹verdeckte› Identität Lateinamerikas aufmerksam zu machen.

Den Begriff des *descubrimiento* läßt Galeano nur in einer satirischen Bedeutungsumkehrung gelten:

«El Descubrimiento: el 12 de octubre de 1492, América descubrió el capitalismo. Cristóbal Colón, financiado por los reyes de España y los banqueros de Génova, trajo la novedad a las islas del mar Caribe.» (GALEANO 1992: 4)

Der Autor thematisiert hier die Tatsache, daß nach 1492 – dem Beginn eines kapitalistischen Weltmarktes – der zu jener Zeit noch im Anfangsstadium befindliche europäische Kapitalismus einen enormen Entwicklungsschub erfuhr (von dem Spanien im übrigen aufgrund seiner hohen Staatsverschuldung ausgeschlossen bleiben sollte). Wenn dieses historische Faktum auch nicht abzustreiten ist, so ist doch Galeanos hier unternommener Versuch, Kolumbus selbst als Prototypen des Kapitalisten zu interpretieren, rein ideologisch motiviert und vom wissenschaftlichen Standpunkt aus nicht haltbar. Alle neueren Ergebnisse der Kolumbus-Forschung stimmen darin überein, daß der berühmte Genueser ein tief religiöser Mensch war, der – in einer Übergangszeit zwischen dem von der Religion beherrschten Mittelalter und der von materiellen Werten geprägten Neuzeit lebend – wesentlich stärker in mittelalterlichen als in neuzeitlichen Kategorien dachte[7] (vgl. TODOROV 1992: 21; JANIK / LUSTIG 1992: 15). Galeano benutzt die Figur des Kolumbus hier folglich zu Unrecht als Projektionsfläche für seine Kapitalismuskritik.

Eine ambivalente Haltung zum Begriff des *descubrimiento* ist hingegen bei Augusto Roa Bastos zu beobachten. Der berühmte paraguayische Schriftsteller hat sich verschiedentlich in der Polemik um den *Quinto Centenario* zu Wort gemeldet. Einen indirekten, aber außerordentlich wichtigen Beitrag stellt sein Roman *Vigilia del almirante* dar, in dem er den ‹Entdecker› und den durch ihn eingeleiteten historischen Prozeß neu interpretiert. Roa Bastos publizierte dieses Werk – nach insgesamt 17 Jahren literarischen Schweigens – nach eigener Aussage nicht zufällig just im Jubiläumsjahr (vgl. *El País* 14.10.1992).

Kolumbus, so der Schriftsteller in einem Interview, ist in *Vigilia del almirante* als ambivalenter Charakter gestaltet, dessen negative Züge allerdings überwiegen: «[...] no es solamente un descubridor, sino el precursor, sobre todo, de la colonia, de la conquista y de la explotación del nativo» *(Babelia* 1992: 2).

Indem Roa Bastos Kolumbus als ‹Entdecker› bezeichnet (auch wenn er an anderer Stelle einschränkt, es habe sich nur um eine ‹zweite Entdeckung› gehandelt (vgl. ROA BASTOS 1991: 18), erkennt er einerseits dessen seefahrerisches Geschick und die durch die kolumbinische Expedition in Gang gebrachten geographischen Veränderungen als positiv an, verweist jedoch im gleichen Atemzug auf die negativen Folgen dieser Leistungen. Anläßlich der Vorstellung seines Romans vor der spanischen Presse gebraucht der Autor die Bezeichnung *descubrimiento* durchgehend in diesem ambivalenten Sinn, beendet seinen Beitrag aber – um den negativen Bedeutungsgehalt des Entdeckungsbegriffes zu akzentuieren – mit dem Rückgriff auf den von Leopoldo Zea in die Diskussion gebrachten Begriff des *encubrimiento:*

«Descubrir el encubrimiento que pesó desde entonces [1492] sobre América es la esforzada, delicada y necesaria tarea que nos toca emprender desde las dos orillas del Atlántico.» (ROA BASTOS 1992a: 22)

Indem er auf den Begriff des *encubrimiento* rekurriert, stellt sich Augusto Roa Bastos – ebenso wie Eduardo Galeano – eindeutig auf die Seite der indigenen Organisationen Lateinamerikas.

Wesentlich klarer noch als den Entdeckungsbegriff lehnt Roa Bastos den Begegnungsbegriff ab. Dieser sei, so schreibt er, «una manera vergonzante de camuflar [...] el tremendo choque de civilizaciónes y culturas, las luchas terribles en las que las culturas autóctonas acabaron devastadas y sus portadores sometidos o aniquilados» (ROA BASTOS 1991: 17).

Daß Roa Bastos sich trotzdem der Kritik O'Gormans am *encuentro*-Begriff nicht anschließt, sondern O'Gorman vorwirft, das Gedenk-Chaos mit seinen nebulösen Formulierungen nur zu perpetuieren (vgl. ROA BASTOS 1985: 11), hat damit zu tun, daß er – im Gegensatz zu O'Gorman, der einen radikalen Boykott der Gedenkfeierlichkeiten fordert – das Gedenkjahr zu einer öffentlichen Reflexion nutzen will. Hierbei sollte nach Roa Bastos' Vorstellung mit den kolonialen Mythen gebrochen und dadurch eine echte Annäherung zwischen Spanien und Lateinamerika ermöglicht werden (vgl. ROA BASTOS 1985: 11 f.).

Der katalanische Politologe Josep M. Colomer kritisiert den Entdeckungsbegriff, indem er das traditionelle glorifizierende Kolumbusbild noch weit radikaler demontiert als Roa Bastos. Er kratzt mit seinem Diskussionsbeitrag gleich in mehrfacher Hinsicht am Mythos des ‹Entdeckers›, wenn er schreibt:

«El 12 de octubre de 1492, un genovés que chapurreaba varias lenguas sin hablar con propiedad ninguna llamado Cristóbal Colón llegó con su expedición a una isleta llamada Guanahaní [...]. Catorce años después murió creyendo todavía que había alcanzado costas japonesas.» (COLOMER 1989: 8)

Der Autor weist hier, indem er an einige historische Tatsachen erinnert, nicht nur die spanischen Bemühungen zurück, den ‹Entdecker› exklusiv für sich zu reklamieren («un genovés»). Er setzt Kolumbus auch als Person herab, indem er auf dessen mangelnde Bildung verweist («chapurreaba varias lenguas sin hablar con propiedad ninguna») und stellt schließlich noch Kolumbus' Ruf eines genialen Nautikers in Frage («Catorce años después murió creyendo todavía que había alcanzado costas japonesas.»).

Weniger an der Person des ‹Entdeckers› orientiert ist die Zurückweisung des Entdeckungsbegriffes bei dem spanischen Historiker Antonio Elorza. Seine Kritik gilt dem Begriff des *descubrimiento*, wie ihn die Organisatoren der *Expo* vertreten (und mit ihnen Intellektuelle wie beispielsweise Francisco Ayala und Carlos Martínez Shaw, s. Kap. 2.1.2.), nämlich den der *Entdeckung* als Etappe in der wissenschaftlichen Evolution der Menschheit und als Folge des menschlichen Forschungsdranges. Mit beißendem Spott qualifiziert Elorza diese Sichtweise als Geschichtsklitterung: «Colón toma el ropaje de Galileo y España se disfraza de Japón del siglo XVI» (ELORZA 1989: 11).

Genauso scharf fällt Elorzas Ablehnung des Begegnungskonzeptes aus. Den Diskurs der Verfechter des *encuentro*-Begriffes ironisch paraphrasierend, enthüllt er dessen euphemistischen Charakter:

«A ‹esos pueblos y tierras que vivían incomunicados› les ocurrieron más cosas que la instalación de una benéfica agencia de viajes, precursora de la excursión a la Luna y de un fecundo intercambio de cosechas donde unos recibían patatas a cambio de exportar ovejas.» (ELORZA 1989: 11)

1492, so führt der Autor weiter aus, sei eben gerade nicht der Beginn einer mehr oder weniger friedlichen ‹Universalisierung der Menschheit durch Kommunikation, Reisen und Handel› (wie der Begegnungsbegriff suggeriert) gewesen, da der Konquistador den unterworfenen Indianern entweder ihre Zugehörigkeit zur Menschheit abgesprochen oder sie aber als inferioren Teil der Menschheit betrachtet habe (vgl. ELORZA 1989: 11).

Auf spanischer Seite hat sich der Schriftsteller Rafael Sánchez Ferlosio mit seiner Kritik an der Fünfhundertjahrfeier, die er als «Disneylandia sevillana» (SANCHEZ FERLOSIO 1988a: 33) bezeichnet, am meisten exponiert. In einem vierteiligen Diskussionsbeitrag für *El País* spricht er sich strikt sowohl gegen eine *celebración* als auch gegen eine offizielle *conmemoración* des historischen Datums aus, da jede Art von Gedenkveranstaltung per definitionem apologetisch sei (vgl. SANCHEZ FERLOSIO 1988d: 36). Mag diese apodiktische Behauptung auch angreifbar sein, so überzeugt doch Ferlosios Zurückweisung der Bezeichnung *encuentro* für das, was 1492 geschah:

«Encuentro entre distantes, sin previo y parsimonioso recorrido de aproximación, subita inmediatez cara a cara entre diferentes, sin lenta y paulatina comparación, determinación y reconocimiento de las diferencias jamás puede ser un encuentro sino encontronazo, con toda la brutalidad de un puro choque [...].» (SANCHEZ FERLOSIO 1988c: 41)

Der von Ferlosio verwendete Terminus *encontronazo* geht ursprünglich auf den guatemaltekischen Schriftsteller Luis Cardoza y Aragón zurück. Indem Ferlosio diese Bezeichnung aufgreift, signalisiert er seine Nähe zu Cardozas Position. Cardoza begründet den von ihm geprägten Begriff des *encontronazo* damit, daß der 1492 eingeleitete historische Prozeß durch die Oktroyierung einer Religion und durch Raub und Zerstörung gekennzeichnet sei (vgl. OROZCO 1988: 158).

Auch der katalanische Schriftsteller Manuel Vázquez Montalbán lehnt die Entdeckungsfeierlichkeiten ab und setzt sich kritisch mit dem Konzept des *encuentro* auseinander. Zielscheibe seiner Kritik ist hierbei die Behauptung der *encuentro*-Verfechter, die Perspektiven der Sieger und der Besiegten seien durchaus in Einklang zu bringen. Montalbán warnt davor, daß diese Harmonisierungsbestrebungen nur in einem ‹ungenießbaren *Tuttifrutti*› enden könnten (vgl. BERNECKER 1991: 33), das er auch gleich plastisch ausmalt:

> «[...] una *cantata conjunta* a Hernán Cortés y Moctezuma o a Pizarro y Atahualpa, a estrenar en el Valle de los Caídos mientras suenan a lo lejos las sirenas del *Azor*.» (VAZQUEZ MONTALBAN 1986: 9)

Der Autor benutzt hier die satirische Hyperbel zur Verdeutlichung der Implikationen des Begegnungsbegriffes, aber auch als verbale Waffe in einer Diskussion, die er nicht als akademische, sondern als politische begreift: Seiner Auffassung nach ist die Option der Regierungssozialisten, die Fünfhundertjahrfeier sowohl als *Entdeckung* Amerikas als auch als *Begegnung zweier Welten* zu feiern, eine politisch-taktische Entscheidung, mit der die liberalen wie die konservativen Strömungen in der spanischen Gesellschaft gleichermaßen bedient werden sollen. Mit dieser in sich widersprüchlichen Option, so kritisiert Montalbán, habe sich Spanien seiner historischen Verantwortung zumindest teilweise entzogen, statt ihr mit einer kritischen Aufarbeitung der Vergangenheit und mit einem die progressiven politischen Kräfte Lateinamerikas unterstützenden demokratischen und emanzipatorischen Engagement Rechnung zu tragen (vgl. VAZQUEZ MONTALBAN 1990: 48).

Die Bezeichung *invasión* anstelle von *descubrimiento* oder *encuentro* findet sich wörtlich bei keinem der spanischen Autoren; doch unterstützten die beiden zuletzt vorgestellten, Sánchez Ferlosio und Vázquez Montalbán, als Mitglieder des Ehrenrates der internationalen

Die historische Kontroverse 51

Kampagne *Emancipación e Identidad de América Latina: 1492–1992*[8] die Errichtung eines *Mahnmals für die Opfer der europäischen Invasion von 1492* in der andalusischen Stadt Puerto Real. Das von Oswaldo Guyasamín in Form eines Oratoriums gestaltete Mahnmal soll nach den eigenen Worten des bekannten ekuadorianischen Künstlers zu verstehen sein als

> «ein Ort der Besinnung, in den man eintreten kann, der die Besucher zum Weinen bringt: ein Schrei der Rebellion unseres Kontinents in Spanien» (zitiert nach AMBORST u. a. (Hg.) 1991: 245).

Laut Ankündigung der Initiative sollen ähnliche Projekte in anderen europäischen Städten folgen.

2.2. Die politischen Ereignisse auf der Iberischen Halbinsel im Jahr 1492: ‹Höhepunkt der spanischen Geschichte› oder ‹Scheitern einer offenen Kultur›?

1492 stellt nicht nur wegen der Ankunft der spanischen Karavellen in der ‹Neuen Welt› ein Schlüsseldatum der spanischen Geschichte dar. In dasselbe Jahr fällt auch das Ende der Reconquista mit der Eroberung Granadas durch die Truppen der Reyes Católicos. Conquista und Reconquista stehen wegen ihrer religiös-ideellen Ziele in einem engen Zusammenhang[9].

An das Ende der Reconquista schließt sich die Schaffung des modernen spanischen Staates unter dem Primat der der kastilischen Sprache[10] und Kultur sowie der katholischen Religion an. 1492 wurden die spanischen Juden per königliches Dekret gezwungen, Spanien zu verlassen; 1501 folgte das Vertreibungsdekret gegen die Mauren.

In der franquistischen Geschichtsschreibung galt das Jahr 1492 als Gipfelpunkt und Inbegriff der historischen Mission Spaniens. In jenem Jahr, so die falangistische Geschichtsversion, habe Spanien in dreifacher Hinsicht Großes erreicht: die territoriale Einheit (durch die Vertreibung der Moslems), die religiöse Einheit (durch die Vertreibung der Juden) und die Vereinigung der Welt (durch die Entdeckung Amerikas) (vgl. ALBERT (unveröffentlicht): 7).

In der Umbruchphase zwischen Diktatur und Demokratie veränderte sich dieses Geschichtsbild; das Jahr 1492 erschien nun immer häufiger als negatives Schlüsseldatum im Sinne eines «Scheiterns einer offenen Kultur» (CASTILLO 1979: 361). In der Debatte um den *Quinto Centenario* wird die Frage nach der Bewertung des Jahres 1492 im Hinblick auf die Ereignisse auf der Iberischen Halbinsel wieder aufgeworfen; die unterschiedlichen Antworten, die die Diskussionsteilnehmer darauf geben, sollen im folgenden analysiert werden.

Julián Marías, Mitglied der Real Academia Española und Mitarbeiter der *Revista de Occidente* bezeichnet in seinem Eröffnungsbeitrag zu dem Band *Expoforum 92. Umbrales de grandes descubrimientos: 1492–1992* das Jahr 1492 als «momento crítico del proyecto histórico de España» (MARIAS 1990: 14). Spanien, so seine These, habe sich seit der arabischen Invasion immer mit der christlichen und daher mit der westlichen Kultur identifiziert und diese christlich-westliche Identität stets gegenüber dem muslimischen Einfluß verteidigt. Wie für den spanischen Historiker Carlos Seco Serrano, der das Spanien unter der Maurenherrschaft als «raptada por un mundo cultural y religioso ajeno de sus raíces» (SECO SERRANO 1991: 12) beschreibt, markiert das Jahr 1492 für Marías die glückliche Rückkehr Spaniens zu seiner ‹wahren› Identität. Als das wesentliche Kennzeichen dieser ‹wahren›

Identität betrachtet Marías den Katholizismus (vgl. MARIAS 1990: 14), hierin im Einklang mit der reaktionären *hispanidad*-Doktrin Ramiro de Maeztus (s. Kap. 4.2.1.).

Den Zusammenhang zwischen der von mittelalterlichem Denken geleiteten Reconquista und der vom Beginn der Renaissance geprägten Conquista sieht Marías im Bewußtsein Kastiliens von seiner kulturellen Mission; ein Bewußtsein, das er in bewunderndem Tonfall schildert:

> «Castilla no fue nunca un territorio, fue una actitud. [...] Castilla era los territorios que habían sido incorporados en esa actitud castellana; pues bien, creo que ese espiritú se va a prolongar, creo que ese espiritú se va a llevar a América [...]» (MARIAS 1990: 15).

Eine ganz ähnliche Sichtweise vertritt der spanischen Botschafter und Ex-Präsident des staatlichen *Instituto de Cooperación Iberoamericana,* Manuel de Prado y Colón de Carvajal, in einem Beitrag für *El Pais,* wobei er die positive Wertung des ausgehenden 15. Jahrhunderts vor allem auf das Andalusien jener Zeit überträgt: Kastilien habe durch die Erfahrung der Reconquista (nämlich die Erfahrung, in einer stetigen Vorwärtsbewegung immer neue Gewinne und Abenteuer zu finden), einen «espiritú de la nueva frontera» (PRADO Y COLON DE CARVAJAL 1988: 22) entwickelt; diese Mentalität habe sich vor allem auf die Bewohner der Extrema Dura und Andalusiens (die Hauptschauplätze der Reconquista) übertragen und später den Hauptanteil an der schnellen Eroberung Amerikas gehabt: «Extremeños y andaluces estaban sedientos de tierras.» (PRADO Y COLON DE CARVAJAL 1988c: 22). Während der Conquista und der Kolonialzeit sei Andalusien eine reiche und bedeutende Region gewesen; seine Dekadenz zu Beginn des 19. Jahrhunderts sei dementsprechend auf den Verlust der spanischen

Kolonien zurückzuführen: «Encerramiento, subdesarrollo, provincianismo y soledad tienen el mismo diagnóstico: perdida de su relación con América» (PRADO Y COLON DE CARVAJAL 1988c: 22).

Der *Quinto Centenario* und vor allem die Weltausstellung 1992 in Sevilla böten Andalusien nun die Chance, so Prado y Colón de Carvajal weiter, seine Beziehungen zu Lateinamerika wiederzubeleben, seine verlorene Universalität wiederzugewinnen und den Anschluß an den europäischen Entwicklungsstandard zu finden (vgl. PRADO Y COLON DE CARVAJAL 1988c: 22).

Aufgrund dieses Diskussionsbeitrages, der weder mit den historischen noch mit den gegenwartspolitischen Fakten in Einklang zu bringen sein dürfte, bezeichnet Rehrmann den spanischen Botschafter zu Recht als Vertreter eines «‹lyrischen› Panhispanismus» (REHRMANN 1989: 124), in dessen Thesen «die rhetorischen Wortkaskaden und quijotesken Wunschgebilde der Vergangenheit fröhliche Urstände feiern» (REHRMANN 1991: 968). Rehrmann weist jedoch auch darauf hin, daß diesen Thesen trotz ihrer Realitätsferne eine konkrete politische Bedeutung zukommt:

> «Dieser Brot-durch-Spiele-Standpunkt, der, was eine ökonomisch fundierte *hispanidad* betrifft, in die Kategorie des *wishful thinking* gehört, dürfte den Sozialisten als Surrogat für die versprochene, gleichwohl nie wirklich durchgeführte Landreform in Andalusien sicher sehr gelegen kommen.» (REHRMANN 1989: 129)

Von keinem der bisher vorgestellten Feierbefürworter wird die Vertreibung der Juden und Mauren auch nur erwähnt, geschweige denn diskutiert.

Anders geht dagegen Antonio Dominguéz Ortiz, Mitglied der Real Academia de la Historia und ebenfalls ein Befürworter der Fünfhundertjahrfeier, mit diesem Aspekt der spanischen Geschichte um. In seinem Beitrag für den Band *Expoforum. Umbrales de grandes descubrimientos: 1492–1992* widmet er sich zunächst der Glorifizierung des Jahres 1492: Er fordert, daß die Eroberung Granadas durch die Katholischen Könige (die in Granada alljährlich am 2. Januar festlich begangen wird) in der Fünfhundertjahrfeier gebührend berücksichtigt werden müsse. Als weiteres feiernswertes Ereignis nennt er die Abfassung der *Gramática Castellana* durch Antonio de Nebrija: Dieser habe die spanischen transatlantischen Eroberungen in einer erstaunlichen Prophezeiung antizipiert, indem er darauf verwies, daß seine Grammatik einen Beitrag zur Hispanisierung der von Kastilien unterworfenen Völker leisten könne. Nebrijas Impuls zur Abfassung seiner Grammatik sei das Phänomen gewesen, daß katalanische, valencianische und portugiesische Autoren spontan, ohne den geringsten Druck von seiten der Regierung, die kastilische Sprache benutzt hätten (vgl. DOMINGUEZ ORTIZ 1990: 104). Der Autor erweist sich hier nicht nur als Verfechter der *leyenda rosa*, die die Hispanisierung der amerikanischen Kolonien eindimensional als große historische Leistung Spaniens wertet, sondern er verschweigt mit der idyllisierenden Darstellung von einer sich konfliktfrei durchsetzenden Hegemonie der kastilischen Sprache auf der Iberischen Halbinsel auch bewußt die Problematik des Nationenbegriffes in Spanien, die bis heute fortwirkt.

Neben den beiden Ereignissen der Eroberung Granadas und der Abfassung der ersten kastilischen Grammatik erwähnt Dominguéz Ortiz jedoch noch ein drittes: nämlich die Vertreibung der Juden. (Die Vertreibung der Mauren bleibt auch bei ihm unerwähnt.) Es lohnt sich, einmal genauer hinzusehen, wie er diesen Sachverhalt formuliert:

«*Por desgracia, no es posible silenciar* que también en aquel año mágico *ocurrió* un hecho cuya valoración tiene que ser muy negativo.» [Hervorhebungen von mir] (DOMINGUEZ ORTIZ 1990: 105).

Während die Formulierung «por desgracia, no es posible silenciar» darauf hinweist, wie ungern der Autor die Vertreibung der Juden thematisiert, evoziert die Verbform «ocurrió» den Eindruck, daß es sich eher um ein Naturereignis als um eine gesellschaftliche Entwicklung und eine politische Entscheidung gehandelt habe. Entsprechend bleibt Dominguéz Ortiz auch jede historische Erklärung für das Vertreibungsdekret schuldig. Stattdessen wendet er sich der Diskussion über die Beteiligung von konvertierten Juden an der kolumbinischen Expedition zu. Während er der ökonomischen Rolle der konvertierten Juden bei der Entdeckung Amerikas eine gewisse Relevanz einräumt, lehnt er die These, Kolumbus sei selbst konvertierter Jude gewesen und habe mit seiner Expedition zionistische Ziele verfolgt[11], mit dem Argument ab, Kolumbus sei als ernsthafter Christ vielmehr von der Idee des Kreuzzuges geleitet worden, die sich bei ihm mit großen und nebulösen Projekten (vor allem die Rückeroberung Jerusalems) verbunden habe (vgl. DOMINGUEZ ORTIZ 1990: 106).

Wenn diese Thesen auch mit dem aktuellen Forschungsstand der Kolumbus-Forschung harmonieren, ist m. E. doch die Intention des Autors, das ungeliebte *tema sefardí* erst in eine positive Verbindung zum bevorzugten *tema americano* zu bringen, um schließlich das erstere zugunsten des letzteren ganz fallen zu lassen, unübersehbar.

Schließlich lobt der Autor die Teilnahme der sephardischen Organisationen an den offiziellen Gedenkveranstaltungen des *Quinto Centenario* als beispielhaft dafür, wie mit negativen Aspekten der spanischen Geschichte umgegangen werden könne; dieses Lob geht umgekehrt als Kritik an die Adresse der erklärten Feiergegner in Spanien und Lateinamerika, denen er mangelnde Dialogbereitschaft und fehlende Geschichtskenntnisse vorwirft (vgl. DOMINGUEZ ORTIZ 1990: 106 f.).

Die Positionen der sephardischen Organisationen und der Feiergegner unterschieden sich, wie in Dominguéz Ortiz' Wertung schon anklingt, in der Tat stark voneinander.

Hatten die Gegner des *Quinto Centenario* zunächst kritisiert, daß die Vertreibung der Juden und Mauren bei den Gedenkfeierlichkeiten verschwiegen würde (vgl. *ila* Nr. 146, 6/1991: 52), so traf dies auf das sephardische Thema nicht zu. Die Gründe für die relativ starke Präsenz dieses Themas im Kontext des *Quinto Centenario* lagen zum einen im deutlichen politischen Willen der spanischen Regierung, diesen Aspekt der spanischen Geschichte im Sinne einer Versöhnung mit den sephardischen Juden aufzuarbeiten – sicherlich auch mit der Absicht der Imageverbesserung Spaniens vor der Weltöffentlichkeit –, zum anderen im überaus großen Entgegenkommen der sephardischen Organisationen in diesem Versöhnungsprozeß.

Am 18. Oktober 1990 wurde den sephardischen Weltgemeinden der *Premio de la Concordia* der Stiftung *Príncipe de Asturias* verliehen. Vor mehr als 700 in Oviedo anwesenden Sepharden aus aller Welt sagte Prinz Felípe in seiner feierlichen Rede:

«Im Geiste der Eintracht im heutigen Spanien und als Nachfolger derjenigen, die vor 500 Jahren das Vertreibungsdekret erließen, empfange ich Euch tiefbewegt und mit offenen Armen. [...] Das heutige Ansehen der hispanischen Welt ist untrennbar verbunden mit der kulturellen Vielfalt ihrer einzelnen Komponenten.» (zitiert nach QUINTANA 1991: 5)

In seiner Dankesrede im Namen aller sephardischen Weltgemeinden zitierte der Rabbiner Dr. Solomon Gaon tiefbewegt das folgende Gedicht:

«Geliebtes Spanien, ‹Mutter› nennen wir dich und hören nie auf, deine süße Sprache zu sprechen. Obwohl du, mit deinem stiefmütterlichen Verhalten, uns aus deinem Schoß vertrieben hast, hören wir nicht auf, dich zu lieben [...]. Wir bewahren dir unsere Kindesliebe, glorreiches Land. Deswegen senden wir dir unsere seligen Grüße.» (zitiert nach QUINTANA 1991: 5)

Das starke Gefühl der Verbundenheit mit dem spanischen Mutterland, das in diesem Gedicht zum Ausdruck kommt, wird von allen sephardischen Autoren im Zusammenhang mit dem *Quinto Centenario* hervorgehoben. In der Tat stellt das sephardische Exil in dieser Hinsicht einen singulären Fall in der Geschichte dar: niemals sonst hat eine exilierte soziale Gruppe so sehr an der Sprache und Kultur des Mutterlandes festgehalten wie die sephardischen Juden. Dieses Phänomen hat historische Ursachen. Die Epoche zwischen dem 9. und dem 13. Jahrhundert, die in Spanien von christlichen ebenso wie von muslimischen und hebräischen Kultureinflüssen geprägt war, bedeutete für das Judentum das ‹Goldene Zeitalter›, die wichtigste kulturelle Blütezeit einer jüdischen Diaspora überhaupt. Diese Vergangenheit wurde nun im Jubiläumsjahr in Spanien von offizieller Seite als Grundlage einer Wiederbegegnung zwischen spanischer und jüdischer Kultur beschworen.

Die Einrichtung einer Arbeitsgruppe *Sefarad '92* durch die *Comisión Nacional Quinto Centenario* war zwar von großem rhetorischen Aufwand begleitet – so sprach beispielsweise der spanische Staatssekretär für äußere Angelegenheiten von einem Beitrag zur «superación

Die historische Kontroverse 59

de las sombras y la revelación de las luces de una España orgullosa de su pasado judío« (zitiert nach TOLEDANO 1989: 45) –, muß aber trotzdem gerade im Zusammenhang mit anderen politischen und diplomatischen Gesten gegenüber den Sepharden[12] (wie beispielsweise die Erleichterung des Erwerbs der spanischen Staatsbürgerschaft) als ernsthafte Anerkennung einer historischen Verpflichtung gewertet werden.

Von jüdischer Seite wurde trotz aller Verbundenheit mit Spanien betont, daß es 1992 nicht um eine *celebración* gehen könne. So stellte beispielsweise Alberto Blusztein, der Vorsitzende der Föderation Israelischer Gemeinden in Spanien, klar: «Wir können nicht etwas, das so dramatisch wie die Vertreibung von 1492 war, und die für uns als eine der größten Tragödien gilt, feiern« (zitiert nach QUINTANA 1991: 6).

Andererseits ist augenfällig, daß der patriotische Duktus der sephardischen Diskussionsbeiträge sowie die grundsätzlich positive Bewertung der ‹Entdeckung› Amerikas, die von jüdischer Seite häufig als Suche konvertierter Juden nach einer Bleibemöglichkeit für ihre verfolgte Glaubensgemeinschaft interpretiert wird (vgl. TOLEDANO 1989: 45), sich relativ harmonisch in den feierlichen Ton des *Quinto Centenario* einfügten.

Das Jahr 1992 wurde von den sephardischen Organisationen als ein Anfang eines (Wieder-)Annäherungsprozesses verstanden, der für beide Kulturen fruchtbar sein werde. Benito Garzón Sefarty, Koordinator des von der Sephardischen Weltföderation gegründeten Organisation *Sepharad '92*[13], schrieb hierzu:

«Das Jahr 1992 gibt Gelegenheit, die spanische Geschichtsschreibung zu überprüfen: das Bild der spanischen Gesellschaft vor und nach 1492; die Auswirkungen, die das Fehlen der von Juden und Moslems gebildeten Mittelklasse auf die Mentalität und das geistige Leben Spaniens hatte; der daraus resultierende gesellschaftliche Kampf bis zur Erreichung der Demokratie [...]. Wir glauben, diese Überprüfung ist für das Judentum und für die spanische Gesellschaft nützlich, um die Fakten der Geschichte richtigzustellen.» (zitiert nach QUINTANA 1991: 6)

Der Sepharde Macías Kapon teilt diese Position, weist aber auf die Tatsache hin, daß nicht nur über die Vergangenheit, sondern auch über die gegenwärtige Realität des sephardischen Judentums in Spanien umfassender und objektiver informiert werden müsse. (In Spanien leben derzeit ca. 15.000 Menschen jüdischen Glaubens; die Mehrzahl von ihnen sind Sepharden.) Macías Kapon warnt davor, daß durch den vergangenheitsorientierten Charakter der Gedenkakte in Spanien ein anachronistisches Bild der Sepharden entstehen könne, und verlangt eine organische Integration der sephardischen Kultur als Lehrgegenstand auf allen Ebenen des spanischen Bildungswesens. Nur wenn sich Spanien auf diese Weise dauerhaft mit seiner eigenen Geschichte versöhne, sei eine echte Wiederbegegnung zwischen Spaniern und Sepharden möglich (vgl. MACIAS KAPON 1990: 16).

Gegenüber dem versöhnlichen Ton der sephardischen Organisationen und der spanischen Regierung, wenn es um die Ereignisse des Jahres 1492 auf der Iberischen Halbinsel ging, gab es jedoch auch Stimmen, die ihre Kritik an der Politik der Reyes Católicos wesentlich aggressiver äußerten und den Organisatoren des *Quinto Centenario* vorwarfen, eher eine neuerliche Verschleierung als eine konstruktive Aufarbeitung der jüdischen und islamischen Vergangenheit Spaniens zu betreiben.

Der in Paris und Marrakesch lebende spanische Romancier und Essayist Juan Goytisolo, ein profunder Kenner der islamischen Kultur, ist hier als exponiertester dieser Kritiker zu nennen. Goytisolo bezeichnet die Eroberung Granadas und die daran anschließende Politik der Katholischen Könige als Beginn eines Prozesses der *uniformidad*, nicht der *unidad* Spaniens: keine andere Regierung habe die politischen und privaten Rechte so drastisch beschnitten und Minderheiten so systematisch verfolgt wie diese Monarchen. Selbst wenn man die ‹Entdeckung› Amerikas als Großtat Spaniens begreife – was Goytisolo ablehnt – sei nicht nur der von den Indianern, sondern auch der von den Spaniern (innenpolitisch) dafür gezahlte Preis zu hoch (vgl. GOYTISOLO 1988: 12). Die Königin Isabella von Kastilien tituliert Goytisolo sarkastisch als «beinah heiliggesprochene Beschützerin von Juden, Zigeunern und Moslems» (GOYTISOLO 1991: B 1). Der Schriftsteller spielt hier auf die Tatsache an, daß die geplante Kanonisation Isabellas weltweite Proteste seitens jüdischer und islamischer Gemeinden, lateinamerikanischer Indianer-Organisationen und verschiedener katholischer Episkopate in Europa hervorrief, so daß der Vatikan sein Vorhaben schließlich aufgab.

Das in Spanien vorhandene Geschichtsbewußtsein bezüglich des spanischen Mittelalters beurteilt Goytisolo äußerst pessimistisch:

«Der Aufstieg der Modernität im heutigen Spanien hat sich auf Kosten einer Lobotomie vollzogen [...]. Die an unseren Hirnen vollzogene Lobotomie in Bezug auf die fruchtbare mittelalterliche Gesellschaft mit ihren verschiedenen Rassen, in bezug auf den langen, heroischen Widerstand der Humanisten, Mystiker und Wissenschaftler gegen die systematische Zerstörung unserer Kultur, die eben zu jenem Zeitpunkt einsetzte, den wir jetzt in den Himmel heben [...].» (GOYTISOLO 1991: B 1)

Als Beweis für diese Einschätzung führt er das allgemeine, aber insbesondere auch das akademische Desinteresse in Spanien an der arabischen Kultur an, wofür er einen übereifrigen, falsch verstandenen *europeísmo* verantwortlich macht. In den Aktivitäten zum *Quinto Centenario* – die in bezug auf die Erinnerung an die maurische Kultur in der Tat relativ bescheiden ausfielen[14] – sieht er nur eine Potenzierung dieser negativen Entwicklung (vgl. GOYTISOLO 1991: B1).

Das Problem des internen Kolonialismus in Form der Dominanz des kastilischen Zentrums über die verschiedenen iberischen Kulturen und autonomen Regionen wurde vor allem von denjenigen spanischen Feiergegnern thematisiert, die selbst einer dieser Regionen mit Autonomiebestrebungen angehören. Besonders heftige Kritik kam daher aus Katalonien und dem Baskenland; die baskische Regionalregierung schloß sich sogar dem Standpunkt der Feierkritiker an und beteiligte sich nicht an den Gedenkfeierlichkeiten. Die katalanische Regionalregierung entschloß sich erst nach langen Zögern zur Teilnahme.

Exemplarisch soll hier kurz die Position der baskischen Gruppe *Amaiurko Quetzal Agiria* referiert werden, eine der Unterstützergruppen der Kampagne *Emancipación e Identidad de América Latina*.

Amaiurko Quetzal Agiria ist der Name eines Manifestes gegen die Feierlichkeiten des *Quinto Centenario,* das 1988 von 100 im Kulturbereich beschäftigten Basken unterzeichnet wurde. Der Name des Manifestes ist zugleich Programm. Wie Iñaki Egaña, einer der Unterzeichner, ausführt, geht das im Namen des Manifestes enthaltene Wort *Amaiur* auf das in weiterem Sinne baskische Volk der Navarro zurück, das im Jahre 1512 von Ferdinand von Aragón der spanischen Herrschaft unterworfen wurde. Mit der Aufnahme dieses Wortes in den Titel des Manifestes wollen die Unterzeichner darauf hinweisen, daß 1492 auch «den Beginn des Aufbaus Spaniens als Staat bedeutete, der mit dem Verlust der peripheren Kulturen einherging, die wie die baskische – damals und heute – um eine eigenen Identität kämpften» (EGAÑA 1990: 157).

Die Verknüpfung der Worte *Amaiurko* und *Quetzal* (letzteres bezeichnet den Quetzal-Vogel, der in der Mythologie der mesoamerikanischen Kulturen eine wichtige Rolle spielt) soll auf die Parallelen zwischen der Unterdrückung der indigenen Kulturen Lateinamerikas und der peripheren Kulturen in Spanien verweisen.

Egaña erläutert diese Parallelen wie folgt:

«Vor dem Völkermord muß die Herabwürdigung der Opfer geschehen. [...] Einer dieser Mechanismen der Erniedrigung dieser Kulturen kam mit dem linguistischen ‹Fenstersturz› der unterdrückten Völker. [...] So wurde Spanisch zur obligatorischen und zur einzigen geschriebenen Sprache, sowohl in Amerika, als auch auf der iberischen Halbinsel. Derzeit gibt es nur noch zwei amerikanische, indianische Sprachen, die als offiziell angesehen werden können, obwohl sie im Erziehungsbereich unterschiedlichen Bedingungen ausgesetzt sind. Im spanischen Staat geschah etwas Ähnliches – und deshalb wiederhole ich, daß das Projekt des 500. Jahrestages für uns eine doppelte Bedeutung hat, eine externe und eine interne.» (EGAÑA 1990: 162)

Die 1492 erschienene erste kastilische Grammatik, die ihr Verfasser Antonio de Nebrija selbst mit den Worten rechtfertigte, die Sprache sei die Begleiterin des Imperiums («la lengua como compañera del Imperio« (zitiert nach DIETERICH 1991: 187)), erscheint in Egañas Perspektive folglich vor allem als innenpolitisches Pazifizierungs- und Integrationsinstrument.

Bei aller berechtigten Kritik an der spanischen Politik gegenüber den Basken ist an Egañas Position zu kritisieren, daß sie die Situation der unterdrückten indigenen Gemeinschaften in Lateinamerika mit der Situation der Basken in undifferenzierter Weise gleichsetzt, und zwar in ihrer historischen wie in ihrer aktuellen Dimension, was noch weiter zu ihrer Ungenauigkeit beiträgt. Die immer wieder beschworene gemeinsame Erfahrung der kulturellen Unterdrückung bleibt inhaltlich oberflächlich, da Egaña die völlig unterschiedlichen sozialen, politischen und ökonomischen Kontexte dieser Unterdrückung in Spanien und Lateinamerika nicht in seine Überlegungen einbezieht.

2.3. Conquista und Kolonisation

Die Geschichte Amerikas zwischen 1492 und 1898 stellt das ‹Kampfthema› par excellence in der Kontroverse um den *Quinto Centenario* dar.

Die Analyse dieses Teiles der Debatte wird durch den Umstand bedeutend erschwert, daß die Diskussion über die einzelnen historischen Phänomene immer von einer Meta-Diskussion begleitet wird: nämlich von der Kontroverse um die sogenannte *leyenda negra*. Die im 16. Jahrhundert entstandene Schwarze Legende zeichnete vor dem Hintergrund der Indio-Ausrottung in den spanischen Kolonien un der Einrichtung der Inquisition auf der Iberischen Halbinsel ein ausgesprochen negatives Spanienbild, das über Jahrhunderte hinweg in Europa wirksam war und teilweise bis heute noch ist. Die Entstehung der *leyenda negra* ist in erster Linie auf die damaligen europäischen Metropolen zurückzuführen, die – aus machtpolitischen Interessen und durchaus nicht zum Vorteil der kolonisierten Völker – lediglich einer

Nation, nämlich Spanien, die Schuld am lateinamerikanischen Genozid anzulasten versuchten (vgl. REHRMANN 1991: 964 f.; 971). Daher kommt die Archäologin Laurette Séjourné bei ihrer Forschungsarbeit über die Eroberung und Kolonisierung Amerikas zu dem Schluß,

> «daß die systematische Versetzung der Spanier in den Anklagezustand in diesem weitgespannten Drama eine verhängnisvolle Rolle spielt: die Besetzung Amerikas verliert so die universelle Perspektive, die ihr zukommt, denn die Kolonisation ist die Todsünde nicht allein Spaniens, sondern ganz Europas.» (FISCHER WELTGESCHICHTE Bd.21 (1971): 17)

Andererseits gibt es immer noch nicht wenige spanische Intellektuelle, die das Faktum des Völkermords an den Indianern schlicht leugnen und dem berühmten Dominikanerpater Bartolomé de Las Casas vorwerfen, er habe in seiner *Brevísima relación de la destrucción de las Indias occidentales* (1552) die grausamen Taten der spanischen Kolonisatoren maßlos übertrieben und damit die antispanische Lawine der *leyenda negra* erst losgetreten.

Dieses ideologische Spektrum versucht gewissermaßen, die *leyenda negra* durch eine *leyenda rosa* zu ersetzen, in der die Conquista als militärische und die Kolonisierung als zivilisatorische Leistung Spaniens gefeiert werden.

Dieser Haltung muß aufgrund der jüngsten historischen Erkenntnisse entschieden widersprochen werden. Der Linguist Tzvetan Todorov faßt die Forschungsergebnisse zum demographischen Aspekt der Conquista und Kolonisation wie folgt zusammen:

> «Wenn das Wort Völkermord jemals wirklich zutreffend verwandt worden ist, dann zweifellos in diesem Fall. Es handelt sich dabei

meines Erachtens nicht nur in relativen Zahlen (Vernichtung in der Größenordnung von 90 Prozent und mehr) um einen Rekord, sondern auch in absoluten, da wir es mit einer Dezimierung der Bevölkerung um schätzungsweise 70 Millionen Menschen zu tun haben. [...] Das Schwarze ist zweifellos da, auch wenn von einer Legende nicht die Rede sein kann.» (TODOROV 1992: 161 f.)

Die Debatte über die Schwarze Legende prägt auch die Art und Weise, in der die frühen Kolonialkritiker (vor allem Bartolomé de Las Casas und Francisco de Vitoria), die Indianerschutzgesetze (die *Leyes de las Indias* von 1512 und die *Nuevas Leyes de las Indias* von 1542, die 1545 widerrufen wurden) und die Rassenvermischung *(mestizaje)* zwischen Eroberern und Eroberten in der Debatte um den *Quinto Centenario* thematisiert werden.

Während die Feierbefürworter in der frühen spanischen Selbstkritik und in der Tatsache der Rassenvermischung Beweise dafür sehen, daß sich die spanische Kolonisation trotz aller Greueltaten positiv von anderen Kolonisationsformen abgehoben habe, wird dieser These eines ‹humaneren› spanischen Kolonialismus von den meisten Feiergegnern widersprochen.

Obwohl alle Teilnehmer der Debatte alle obengenannten Sujets ansprechen, werden doch thematische Schwerpunkte teilweise unterschiedlich gesetzt. So gilt die Aufmerksamkeit der Feierbefürworter mehr den Konquistadoren oder den Kolonialkritikern, die der Feiergegner dagegen mehr den autochthonen Kulturen Amerikas, die durch die Kolonisierung zerstört wurden. Hier habe ich versucht, die Bilder, die die Diskussionsteilnehmer jeweils von den historischen Akteuren entwerfen, genauer zu analysieren. Eine Gegenüberstellung dieser Bilder ist aus den obengenannten Gründen nur in eingeschränktem Maße möglich.

2.3.1. Die Konquistadoren: soldatische Helden oder skrupellose Abenteurer?

Nicht wenige Diskussionsbeiträge, die ein ausgesprochen positives Bild der Konquistadoren zeichnen, finden sich in dem von Francisco de Solano (Direktor des *Centro de Estudios Históricos* des *Consejo Superior de Investigaciones Cientificas*) herausgegebenen Sammelbandes *Proceso histórico al conquistador*. Die in dem Buch vereinten Beiträge namhafter Wissenschaftler aus Spanien, Frankreich und Lateinamerika wurden 1985, im Jahr des 500. Geburtstages Hernán Cortés, anläßlich eines Seminars an der Universidad Internacional Menéndez Pelayo in Sevilla erarbeitet.

Der Herausgeber des Buches bemüht sich in seinem Eröffnungsbeitrag auf vielfältige Weise, die positiven Eigenschaften der «protagonistas de la formidable penetración y ocupación del continente americano« (SOLANO 1988: 16) hervorzuheben:

«Entre las caracteristicas que se han apuntado para el conquistador [...] salen su arrojo, su osadía, su valentía, su impetu y su empuje aventureros.» (SOLANO 1988: 24)

Eine identifikatorische Bewunderungshaltung wird auch dort evident, wo der Autor die Perspektive des Konquistadors einnimmt und von «luchas permanentes y difíciles combates contra una población de la que se ignoraba casi todo» (SOLANO 1988: 24) spricht, die den Eroberern eine enorme Leidensfähigkeit und physische Anstrengungen abverlangt hätten – eine Formulierung, die den Aggressor in gewisser Weise als Opfer erscheinen läßt.

Doch Solano beläßt es nicht bei der Eloge der militärischen Leistungen der Konquistadoren: er versucht diese Leistung auch vom Makel des bloßen Abenteurertums zu befreien, indem er darauf hinweist, daß der typische Konquistador kein junger, sondern ein besonnener, reifer Mann gewesen sei und damit keineswegs ein unüberlegter und unvernünftiger Abenteurer. Auch das von den Kritikern der Conquista häufig vorgebrachte Argument, die Eroberung Amerikas sei im wesentlichen das Werk von Analphabeten gewesen, versucht Solano unter Berufung auf die Forschungsergebnisse anerkannter Historiker zu widerlegen: auch wenn es richtig sei, daß weder Francisco Pizarro noch Diego de Almagro und Sebastian de Benalcázar des Schreibens mächtig waren, müsse man doch anerkennen, daß der gemeine Soldat der Conquista –meist von urbaner Herkunft – ein gehobenes kulturelles Niveau aufgewiesen habe (vgl. SOLANO 1988: 24 ff.).

Als Hauptmotive der Konquistadoren benennt Solano ihr Streben nach der Verbreitung des Evangeliums in der Tradition der Reconquista und ihr Streben nach weltlicher *honra* in den Diensten des Königs, mit dem Ziel der Verbesserung ihres gesellschaftlichen Status. Nur im letztgenannten Zusammenhang vermag der Autor einen negativen Zug an den Konquistadoren zu entdecken: nämlich ihre übermäßige Machtgier, die zu zahlreichen Feindschaften zwischen den einzelnen Anführern der Conquista führte. Solano beschließt seine Hagiographie mit dem halb bewundernden, halb bedauernden Hinweis auf die ethische Besorgnis, mit der viele Konquistadoren auf die noch zu ihren Lebzeiten aufkommende Kritik an ihren Taten reagierten (vgl. SOLANO 1988: 26–36).

Dem spanischen Historiker geht es mit seinem Beitrag offensichtlich um eine Rehabilitierung der spanischen Konquistadoren. Daher fehlen in seinem Text Hinweise auf deren negative Charakteristika nahezu vollständig.

Während Solano in seinem apologetischen Beitrag noch überwiegend wissenschaftlich argumentiert (die historische Ungenauigkeit

Die historische Kontroverse 69

resultiert bei ihm vorwiegend aus dem Weglassen bestimmter historischer Fakten), wird die Glorifizierung der Konquistadoren als Kriegshelden und Kulturstifter von Julián Marías dagegen auf einer rein präwissenschaftlichen Ebene bis zum Äußersten getrieben. Marías preist in seinem Diskussionsbeitrag «la exploración, la conquista, la población, la organización de una enorme porción del continente americano« (MARIAS 1990: 16) als titanische Leistung der Spanier, die leider bisher nicht gebührend gewürdigt worden sei und daher der spanischen Bevölkerung auf leicht eingängige Weise ins historische Bewußtsein gebracht werden müsse:

«Nos hubiera hecho falta la *ficción* para comprender las formas de vida histórica. Yo pienso que ha sido el *Western* [...] que ha contribuido a que lo que fue la exploración de los Estados Unidos, la frontera, haya estado en todas las mentes y sea algo refulgente para todos nosotros. Ha faltado totalmente esto [...]. Creo que nos falta; si fuera posible recrearlo, aunque sea a cabo de 500 años, sería absolutamente precioso.» (MARIAS 1990: 16)

Mit seiner Idee eines solchen Kinoprojektes stand Marías offensichtlich nicht allein: 1990 trat die spanische *Sociedad Estatal del Quinto Centenario* an den nordamerikanischen Cineasten Oliver Stone – Regisseur bekannter Kriegsfilme wie *Salvador* und *Platoon* – mit dem Vorschlag heran, einen Film über Hernán Cortes zu drehen.

Während konservative Autoren wie Solano und Marías sich eher auf die mittelalterlichen Züge der Mentalität der Konquistadoren konzentrieren, betonen liberale Autoren wie Rubert de Ventós vor allem deren neuzeitliche Züge und kommen auf diese Weise zu einer differenzierteren Interpretation, die jedoch ebenfalls apologetisch bleibt. Grundlage ihrer Interpretation der Konquistadoren ist die These, daß für den militärischen Erfolg der Spanier letztlich ihre neuzeitliche Vernunftorientiertheit verantwortlich gewesen sei. Rubert de Ventós führt dies am Beispiel der Eroberung des Aztekenreiches durch Hernán Cortés näher aus:

> «Una sociedad perfectamente integrada y teocrática sucumbe ante una cultura más individualista y secularizada [...]. Un conflicto dramático [...], donde los españoles representan la experiencia abierta (adaptiva) y la razón orientada (instrumental), frente a la experiencia cerrada (tradicional) y la razón abierta (cósmica) encarnada por los aztecas.» (RUBERT DE VENTOS 1987: 20)

Diese Interpretation, die erst einmal wertneutral ist und einen breiten Konsens innerhalb der Wissenschaft gefunden hat, wird bei Ventós dadurch zur Apologie der Konquistadoren, daß er die ‹moderne› Denkweise der spanischen Eroberer nicht problematisiert, sondern sie als positive ideologische Entwicklung begreift (vgl. RUBERT DE VENTOS 1987: 21), gegenüber der die aztekische Denkweise als bloß defizitär erscheint.

Die Feiergegner lassen dagegen weder eine Positivdeutung des Konquistadors als mittelalterlichen soldatischen Helden noch als Prototyp des vernunftorientierten modernen Tatmenschen zu.

Gegen die Glorifizierung der Conquista als militärische Glanzleistung hat am schärfsten Rafael Sánchez Ferlosio argumentiert. Er wendet sich prinzipiell gegen die «actitud estética« (SANCHEZ FERLOSIO 1988a: 33), die er als eine Haltung definiert, deren Hauptkategorie zur Beurteilung der Geschichte die ‹Größe› *(grandeza)* der historischen Taten ist. Er polemisiert gleichzeitig gegen die auf Freud zurückgehende These von der Aggression als einer anthropologischen Konstanten (die die Beurteilung der Geschichte nach moralischen Kriterien letztlich obsolet macht), und fordert eine Geschichtsbetrachtung, die sich nicht am Kriterium der *grandeza,* sondern des *dolor* orientiert (vgl. SANCHEZ FERLOSIO 1988a: 33), also konsequent die Perspektive der Opfer einnimmt[15]. Unter dem Aspekt des *dolor* ist eine Glorifizierung der Conquista als hervorragende militärische Leistung nicht mehr möglich. Der Autor demonstriert dies eindrucksvollerweise nicht etwa an Texten der frühen Kolonialkritiker (denen oft mangelnde Faktentreue wegen angeblichen antispanischen Ressentiments vorgeworfen wird), sondern gerade an Texten ausgesprochen spanienfreundlicher Chronisten der Conquista, beispielsweise anhand der Schriften des Gonzalo Fernández de Oviedo, die detailliert über die Folter und Ermordung von Indianern während der Eroberungskriege berichten (vgl. SANCHEZ FERLOSIO 1988b: 35).

Anhand der Schriften Oviedos, in denen u. a. der systematische Einsatz von speziell abgerichteten Hunden gegen die Indianer geschildert wird, geht Ferlosio auch der Frage nach den Motiven der Konquistadoren für ihr Handeln nach und kommt dabei zu dem Ergebnis, daß sowohl die so oft angeführten religiösen Motive (Evangelisierung der Indianer) als auch die ebenso oft angeführten materiellen Motive (Gier nach Gold) für die meisten Konquistadoren nur zweitrangig gewesen seien:

> «De modo que digo yo que juzgan mal a los conquistadores quienes los incriminan indistintamente de vil materialismo de la codicia de oro; el oro fue en contados casos un móvil real; generalmente fue un pretexto para la hazaña por la hazaña y a lo sumo su trofeo; [...] lo que movió a la gran mayoría de los conquistadores fue, por el contrario, la pura inquietud espiritual de continuar el ejercicio ensangrentado de esa montería de aperrear indios.» (SANCHEZ FERLOSIO 1988b: 35).

Diese Interpretation, die den Konquistador nur mehr als sadistischen Psychopathen präsentiert, ihn folglich als soziologisches Phänomen ignoriert und sein Handeln nur aus individuell-psychologischen Motiven abzuleiten versucht, ist inhaltlich relativ unbefriedigend. Ihr apodiktischer Duktus macht es wahrscheinlich, daß sie in erster Linie als Polemik zu lesen ist: Ferlosio geht es hier wohl mehr um einen radikalen Bruch mit dem nationalen Mythos des Konquistadors als um historische Fakten.

Historisch besser fundiert ist dagegen die Antwort, die der peruanische Anthropologe Fernando Silva-Santisteban auf die Frage nach den Motiven der Konquistadoren gibt. Laut Silva-Santisteban befanden sich die Konquistadoren mit ihrer Mentalität auf der Schwelle zwischen Mittelalter und Renaissance; daher sind ihre Motive ebenso vielfältig wie widersprüchlich: «Se mezclan de manera desconcertante los intereses materiales con los fines espirituales.» (SILVA-SANTISTEBAN 1988: 140). Diesen Standpunkt teilt auch Juan Goytisolo, der schreibt: «Tal dualidad, evangelización / codicia de oro, [..] preside, desde sus comienzos, la iniciativa del descubrimiento» (GOYTISOLO 1988: 11).

Die fatalen Folgen dieser teils mittelalterlichen, teils ‹modernen› Mentalität der Konquistadoren verbieten jedoch sowohl für Silva-Santisteban wie auch für Goytisolo deren (sei es auch nur teilweise) positive Wertung (vgl. SILVA-SANTISTEBAN 1988: 139; GOYTISOLO 1988: 11).

2.3.2. Der demographische Kollaps der indianischen Bevölkerung: spanienfeindliche Legende oder faktischer Genozid?

Die Verteidigung gegen die *leyenda negra* durchzieht implizit oder explizit den gesamten Diskurs der Feierbefürworter in der Kontroverse um das Schicksal der autochthonen Bevölkerung während Conquista und Kolonialzeit. Zum einen werden dabei quantitative Argumente vorgebracht. So bestreitet beispielsweise Carlos Seco Serrano vehement die Richtigkeit der von Las Casas zum Ausmaß des Völkermordes an den Indianern angegebenen Zahlen (vgl. SECO SERRANO 1991: 14). Dieses Argument hält jedoch einer wissenschaftlichen Überprüfung nicht stand. Wenn auch die Forschungsergebnisse zur demographischen Entwicklung der indigenen Bevölkerung nach der Ankunft der Spanier in bezug auf die absoluten Zahlen divergieren, so weisen sie doch bezüglich der relativen Zahlen deutlich in die gleiche Richtung wie Las Casas' Angaben: Die indigene Bevölkerung wurde tatsächlich in der Größenordnung von 75 bis 95 Prozent dezimiert (vgl. FISCHER WELTGESCHICHTE Bd. 21 (1971): 84; TODOROV 1992: 161).

Ein weiteres häufig vorgebrachtes Argument ist der Vergleich der prozentualen Dezimierung der autochthonen Bevölkerung in den angelsächsischen und in den spanischen Kolonien, der für das spanische Kolonialsystem eine geringere Prozentzahl ausweist. So argumentieren beispielsweise Rubert de Ventós und das politische Magazin *Cambio 16* (vgl. RUBERT DE VENTOS 1987: 22; TOMAS DE SALAS 1991: 5) – obwohl faktisch richtig, eine eher makabre Aufrechnung von Menschenleben.

Neben den quantitativen Argumenten fehlen jedoch nie auch die qualitativen, mit denen die Verantwortung der spanischen Kolonialherren für die Dezimierung der Indianer relativiert oder sogar vollkommen geleugnet wird. In den Augen Seco Serranos ist die Abnahme der autochthonen Bevölkerung in erster Linie Konsequenz der Rassenvermischung – die neuen Generationen seien eben keine indianischen, sondern mestizische Generationen gewesen – , und in zweiter Linie Konsequenz des sogenannten Mikrobenschocks und nicht des Vorgehens der Konquistadoren (vgl. SECO SERRANO 1991: 14).

Letzteres Argument erfreut sich unter den furiosen Verteidigern Spaniens gegen die Schwarze Legende einiger Beliebtheit. Es findet sich in den Diskussionsbeiträgen Luis Yañez Barnuevos ebenso wie in wissenschaftlichen Publikationen. So widmet beispielsweise der spanische Historiker Francisco Guerra, auf dessen Thesen sich Yañez Barnuevo ausdrücklich beruft (vgl. YAÑEZ BARNUEVO 1988: 18), der Verifizierung dieser These einen ganzen Aufsatz in der *Revista de Indias*. Unter Berufung auf demographische und epidemologische Untersuchungen weist er unter anderem auf zwei Aspekte hin, die man nicht vergessen dürfe: «Junto al indio murió simultáneamente el español» (GUERRA 1986: 42) – den gravierenden Unterschied in der zahlenmäßigen Größenordnung vernachlässigt Guerra hier unwissenschaftlicherweise – und «[...] no es un caso único en la historia, ni fueron los españoles únicos protagonistas de un contagio» (GUERRA 1986: 58). Schließlich kommt er zu dem eindeutig auf die Widerlegung der *leyenda negra* gerichteten Ergebnis:

> «Y este panorama de dolor del que fuimos, muy a nuestro pesar, protagonistas con el Descubrimiento de América, si prueba una sola cosa es que Las Casas fue injusto con los descubridores. El indígena americano fue victimado por la enfermedad, no por el español.» (GUERRA 1986: 58)

Die historische Kontroverse

Ist es zwar mittlerweile eine in der Wissenschaft allgemein anerkannte historische Tatsache, daß der größte Teil der indigenen Bevölkerung während der Conquista Krankheiten zum Opfer fiel, so liegen die Dinge bei der Frage nach der Verantwortlichkeit der spanischen Kolonisatoren für diese Todesursache jedoch nicht so einfach, wie Guerra suggeriert. Zum einen waren die Epidemien teilweise direkte Folge der miserablen hygienischen Bedingungen, unter denen die Indianer Zwangsarbeit für ihre spanischen Kolonialherren verrichten mußten (vgl. CESPEDES DE CASTILLO 1988: 48). Zum anderen weist Todorov anhand historischer Quellen nach, daß die Konquistadoren die Krankheiten unter den Indianern als Beweis dafür ansahen, daß Gott auf der Seite der Spanier stehe. Obwohl die Spanier sich eines Zusammenhanges zwischen Unterernährung, unzureichender Krankenpflege und Ausbreitung der Epidemien wohl bewußt waren – auch dafür führt Todorov historische Quellen an – unternahmen sie folglich nichts gegen die obengenannten krankheitsbegünstigenden Faktoren (vgl. TODOROV 1992: 164 f.).

Schließlich muß nach Todorov auch der Versuch, ausschließlich in den Krankheiten den Grund für den Bevölkerungsrückgang der Indianer zu suchen, zurückgewiesen werden. Die schon erwähnte Zwangsarbeit führte nämlich nicht nur zum Ausbruch von Epidemien und zu einer geringeren Widerstandsfähigkeit gegen Krankheiten überhaupt, sondern auch zum Absinken der Geburtenrate, da die versklavten Indianer keine lebenswerte Perspektive für kommende Generationen mehr sahen. Daß nicht nur die Krankheiten für den demographischen Kollaps verantwortlich waren, geht auch aus der Erkenntnis der historischen Forschung hervor, daß die die Bevölkerungszahlen auch zwischen den Epidemiewellen sanken; Gründe hierfür waren die Unterernährung (die auch zur Erhöhung der Kindersterblichkeit führte), gewöhnliche Krankheiten und die Zerstörung des Sozialgefüges (vgl. TODOROV 1992: 163 f.).

All diese historischen Fakten machen die von Seco Serrano wie auch von vielen anderen Feierbefürwortern vertretene These, die spanischen Kolonisatoren seien für den Bevölkerungsrückgang bzw. für dessen Hauptursache, die Krankheiten, nicht verantwortlich gewesen, in vieler Hinsicht relativierungsbedürftig.

Obwohl Seco Serrano die Schriften Las Casas' inhaltlich nicht gelten läßt, möchte er die historische Größe des Dominikanerpaters doch für Spanien reklamieren, indem er darauf hinweist, daß die spanische Krone Las Casas' Anklagen ernstnahm, gegen die Mißstände in den Kolonien anzugehen versuchte und dem Dominikaner hohe Ämter verlieh (vgl. SECO SERRANO 1991: 14). Diese Dualität ist in der Las Casas-Rezeption der Feierbefürworter häufiger zu beobachten, so etwa auch in einem Artikel von *Cambio 16*, der sich mit der *leyenda negra* auseinandersetzt (vgl. CRISTOBAL 1991: 58).

Die Frage nach der spanischen Verantwortung für die Greuel der Conquista wird jedoch nicht von allen Autoren, die die Conquista rechtfertigen, übergangen oder mit dem Hinweis auf die entscheidende Rolle der Krankheiten beantwortet.

Der spanische Schriftsteller Francisco Ayala beispielsweise bezeichnet die Grausamkeiten der Conquista als «violencias a que diera lugar esa como cualquier otra epopeya» AYALA 1989: 1). Diese Formulierung zielt klar auf die Widerlegung der *leyenda negra*, die den Spaniern eine besonders große Neigung zur Brutalität unterstellt. Ayala leugnet die Brutalität der Conquista also nicht, rechtfertigt sie jedoch im folgenden mit dem Argument, daß sie eben der Preis für den geschichtlichen Fortschritt gewesen sei, den die Menschheit langfristig durch die ‹Entdeckung› und Kolonisierung Amerikas gemacht habe (vgl. AYALA 1989: 2) – ein sehr fragwürdiges Argument, mit dem die leidvolle Geschichte und Gegenwart der indianischen Bevölkerung gegen die Erweiterung des wissenschaftlich-technischen Horizonts aufgerechnet wird.

Ayala versucht jedoch auch, die von den Spaniern begangenen Grausamkeiten zu relativieren, und zwar gleich in zweifacher Hinsicht: Die Diskussion um die Greuel der Conquista sei von seiten der mestizischen Eliten Lateinamerikas der Versuch, von der Tatsache abzulenken, daß sie selbst ebenso verantwortlich für die Dezimierung der Indianer seien wie die spanischen Kolonisatoren (vgl. AYALA 1989: 1); und die von Cortés oder Pizarro verübten Grausamkeiten seien *peccata minuta* verglichen mit den Schreckensbildern, die sich in unserer Gegenwart weltweit täglich böten (vgl. AYALA 1991: 8). Isoliert betrachtet sind dies sicherlich richtige Argumente, die erst im oben beschriebenen Kontext ihre apologetische Konnotation erhalten[16].

Gegenüber den bisher analysierten Apologien nimmt sich die Position, die der spanische Historiker Miguel Molina Martínez in seinem Buch *La Leyenda Negra* (1991) vertritt, relativ moderat aus.

Der Autor referiert seine Argumente gegen die Schwarze Legende wie folgt: Die Eroberung und Kolonisation durch Spanien sei nicht mit mehr Gewalt verbunden gewesen als die durch andere Kolonialmächte auch; die spanische Kolonisation habe sich vor allem durch ihre frühe und lautstarke Selbstkritik von der anderer Kolonialmächte unterschieden; und aufgrund der Indianerschutzgesetze und der Rassenvermischung sei unter der spanischen Kolonialherrschaft die indigene Bevölkerung nicht vollkommen eliminiert worden (vgl. MOLINA MARTINEZ 1991: 126; 138 f.).

Sind die beiden ersteren Argumente noch nachvollziehbar, so birgt das letztere erhebliche Probleme, auf die ich in den Kapiteln über die Indianerschutzgesetze und das amerikanische *mestizaje* noch genauer zu sprechen kommen werde (s. Kap. 2.3.4. und 2.3.5.).

Bei den Feiergegnern ist eine sehr differenzierte Auseinandersetzung mit der *leyenda negra* zu beobachten. Zum einen wenden sie sich dezidiert gegen den Versuch der Feierbefürworter, die Greuel der Kolonialzeit als spanienfeindliche Legende abzutun. Zum anderen betonen sie die gesamteuropäische Verantwortung für die Kolonisation der ‹Neuen Welt›.

Zum Beweis dafür, daß Las Casas' Anklage keineswegs übertrieben war, sondern der kolonialen Wirklichkeit entsprach, wählen die Gegner des *Quinto Centenario* verschiedene Argumentationsstrategien. Der Spanier E. Miret Magdalena untermauert seine Überzeugung von der Richtigkeit der von Las Casas in bezug auf den Völkermord genannten Zahlen nicht nur mit dem Hinweis darauf, daß von Las Casas' Zeitgenossen keinerlei Kritik an diesen Zahlen geäußert wurde; er beruft sich auch auf die Forschungsergebnisse anerkannter Historiker wie Manuel Giménez Fernández oder Marcel Bataillon, die Las Casas' Angaben bestätigen (vgl. MIRET MAGDALENA 1988: 12).

Der argentinische Sozialwissenschaftler und Journalist Gregorio Selser zitiert ausführlich einen Zeitgenossen Las Casas', Guaman Poma de Ayala, dessen Anklage gegen die Kolonialpraxis der Spanier inhaltlich weitgehend mit der des berühmten Dominikaners übereinstimmt – ein Beweis dafür, daß es sich bei Las Casas' Aussagen nicht um die Phantasien eines einzelnen Paranoikers gehandelt haben kann (vgl. SELSER 1992: 198 ff.).

Am wirkungsvollsten auf den Leser dürfte vielleicht die von Rafael Sánchez Ferlosio angewendete Argumentationsstrategie sein: Der Au-

Die historische Kontroverse 79

tor beschäftigt sich ausschließlich mit den von den Konquistadoren selbst überlieferten historischen Zeugnissen und weist nach, daß diese, was Art und Umfang der berichteten Grausamkeiten angeht, die Aussagen Las Casas' nur bestätigen. Ferlosios methodisches Vorgehen ist nicht neu. Schon Montaigne hatte in seinem Essay *Des coches* über die Konquistadoren bemerkt:

> «Wir haben diese Berichte [über die Greuel der Conquista] von ihnen selbst; denn sie gestehen diese Taten nicht nur ein, sie rühmen sich ihrer und posaunen sie aus.» (MONTAIGNE [1580] 1985: 723)

Auch wenn die Gegner des *Quinto Centenario* darin übereinstimmen, daß Las Casas' Anklage den historischen Fakten weitgehend entspricht, wenden sich doch einige von ihnen entschieden gegen das negative Spanienbild der *leyenda negra*. Daß diese Kritik an der *leyenda negra* auch aus Lateinamerika kommt, kann als Indiz dafür gedeutet werden, daß das antispanische Ressentiment in den lateinamerikanischen Ländern an Bedeutung verliert.

Der paraguayische Schriftsteller Augusto Roa Bastos hat sich am ausführlichsten zu diesem Thema geäußert. Er kritisiert das Pauschalurteil der Schwarzen Legende über Geschichte, Gegenwart und Zukunft Spaniens: Man dürfe nicht die negative Vergangenheit eines Landes zur Dekreditierung seiner zukünftigen Glaubwürdigkeit benutzen (vgl. ROA BASTOS 1985: 11). Roa Bastos geht es hier um Spaniens Glaubwürdigkeit im Hinblick auf das Projekt einer Iberoamerikanischen Gemeinschaft, für das er an anderer Stelle ausführlich plädiert (s. Kap. 5.1.). Was die amerikanische Kolonialgeschichte angeht, verweist er auf die gesamteuropäische Verantwortung (vgl. ROA BASTOS 1985: 11 f.) und hebt den positiven Unterschied des spanischen Kolonialismus zu dem der anderen europäischen Kolonialmächte hervor:

«No debemos olvidar que la colonización española es el único caso en la historia de los imperios de Occidente que tuvo por contrapartida la insurgencia de un pensamiento condenatorio de la guerra de conquista y el surgimiento de una verdadera conciencia anticolonial [...].» (ROA BASTOS 1991: 17)

Diese Beurteilung teilen u. a. der mexikanische Schriftsteller Carlos Fuentes (vgl. FUENTES 1992: 3) und der kubanische Autor Roberto Fernández Retamar (vgl. FERNANDEZ RETAMAR 1988: 145).

Für Rafael Sánchez Ferlosio taugt die *leyenda negra* aus anderen Gründen nicht zur Interpretation der spanischen Kolonialgeschichte. Ferlosio sieht die Conquista als Katalysator anonymer struktureller Gewalt an, die das Schreckensbild der *leyenda negra* noch bei weitem übertreffe. Da ein empirisches Subjekt, dem die letztendliche Verantwortung für die so umfassende und langandauernde Tragödie des Völkermordes an den Indianern zugeschrieben werden könne, nicht mehr auszumachen sei, ergebe sich in bezug auf den Genozid ein ebenso verwirrendes wie erschreckendes Bild:

«Todo sin dejar de ser horrible y doloroso, es mucho más inexplicable, sobrehumano, infrahumano, gratuito, amén de mucho más sordido, rastrero y miserable de cuanto pueda serlo incluso una leyenda negra [...].» (SANCHEZ FERLOSIO 1988a: 33)

Eduardo Galeano spricht sich sowohl gegen die Schwarze wie auch gegen die Rosa Legende aus, da es sich bei beiden um eine verdächtige Verehrung der Vergangenheit handele, die den Blick auf die Gegenwart Lateinamerikas verstelle:

«La leyenda negra nos propone la visita del Museo del Buen Salvaje, [...] la leyenda rosa nos invita al Gran Templo de Occidente, donde podemos sumar nuestras voces al coro universal, entonando los himnos de celebración de la gran obra civilizadora de Europa [...].» (GALEANO 1988a: 20)

Heinz Dieterich dagegen hält die Diskussion über die *leyenda negra* wie auch die Diskussion über (positive) Besonderheiten des spanischen Kolonialismus für «lächerlich» (DIETERICH 1992: 64). Bei beiden Debatten, so Dieterichs Kritik, handele es sich um eine Ablenkung des Diskurses auf propagandistische Interpretationsvarianten der Kolonialmächte, die von den Feierbefürwortern gezielt als psycholinguistische Strategie eingesetzt werde, um von der kritischen Diskussion wichtigerer Themen (wie zum Beispiel die aktuellen neokolonialen Ausbeutungsstrukturen) abzulenken (vgl. DIETERICH 1992: 64 f.).

2.3.3. Das Schicksal der altamerikanischen Kulturen: spanische Zivilisationsleistung in Amerika oder kultureller Genozid?

Die nach der militärischen Conquista einsetzende Phase der Konsolidierung der spanischen Kolonialherrschaft in Amerika wird von den im folgenden vorgestellten Feierbefürwortern als positiver historischer Prozeß gesehen, in dem Europa (bzw. Spanien) in der aktiven Rolle des Kulturstifters auftritt und Amerika in der passiven Rolle des Empfängers. Die Ankunft der Europäer, so dieser Diskurs, habe in Amerika vom Heidentum zum Christentum, von der Barbarei zur Zivilisation und vom Ausgeliefertsein an die Naturgewalten zu deren technologischer Beherrschung geführt.

So spricht beispielsweise die spanische *Real Academia de la Historia* von einem «laborioso proceso de hispanización del Nuevo Mundo, con un saldo positivo incontrastable en cuanto a los problemas planteados y las soluciones arbitradas» (zitiert nach MOLINA MARTINEZ 1991: 125).

Eine ähnliche Sichtweise vertritt Julián Marías. Der spanische Schriftsteller kleidet seine Begeisterung für die *obra de España en América* in die Metapher von einem «injerto» (MARIAS 1990: 17): ebenso wie man einen Baum durch das Aufpropfen eines Zweiges von einem anderen Baum qualitativ verbessere, so habe Spanien Amerika veredelt; eine Kulturleistung, deren historisches Vorbild der Transkulturationsprozeß der mediterranen Völker unter der römischen Herrschaft sei (vgl. MARIAS 1990: 17). Der Vergleich Spaniens mit Rom kommt bei Marías nicht von ungefähr. Schon John Stuart Mill hatte die Eroberung ‹barbarischer› durch ‹zivilisierte› Völker gerechtfertigt und dies am Beispiel des zivilisatorischen Nutzens der römischen Besetzung Galliens untermauert (vgl. MILL [1836] 1859: 160 ff.).

Doch dieses Argument ist in mehrfacher Hinsicht problematisch: Abgesehen von der Frage, an welchem Maßstab sich eine solche Einteilung der Kulturen in ‹barbarische› und ‹zivilisierte› Formen zu orientieren hätte, dürfte die Tatsache unübersehbar sein, daß die Folgen der ‹Zivilisierung› für die Indianer keineswegs vorteilhaft waren. Auf ein weiteres Problem weist Ernesto Garzón Valdés hin: Um Gründe zugunsten des Argumentes von der ‹Zivilisierung› anzuführen, wäre man gezwungen, kontrafaktisch zu argumentieren und darüber nachzudenken, wie sich die autochthonen Kulturen ohne die Conquista weiterentwickelt hätten; ein solches Nachdenken bliebe aber zwangsläufig im Bereich des Spekulativen (vgl. GARZON VALDES 1991: 62 f.).

Deutlicher jedenfalls könnte Marías seine Überzeugung von der Höherwertigkeit der europäischen und der Minderwertigkeit der indianischen Kulturen kaum zum Ausdruck bringen. Die ‹Veredelung› sieht er sowohl in der Christianisierung wie auch in der Eingliederung Amerikas in die westliche Zivilisation (vgl. MARIAS 1990: 20) – eine Position, die er mit dem spanischen Historiker Carlos Seco Serrano teilt (vgl. SECO SERRANO 1991: 14). Sowohl die beeindruckenden Kulturleistungen der mesoamerikanischen Hochkulturen als auch den enormen Bevölkerungsrückgang der autochthonen Bevölkerung nach der Ankunft der Spanier erwähnt Marías mit keinem Wort. Auch die historischen Kritiker der Conquista, wie beispielsweise Las Casas, werden von ihm nicht thematisiert. Marías erweist sich damit als hundertprozentiger Vertreter des traditionellen spanischen Geschichtsbildes, das im Franquismus das alleingültige war[17].

Marías zufolge ist die spanische Präsenz in Amerika auch nicht als Kolonialherrschaft anzusehen, da sie vom Mutterland nie als solche bezeichnet worden sei und – im Gegensatz zur Kolonialherrschaft der anderen europäischen Länder in Übersee – eine neue Gesellschaft von kulturell hispanisierten Mestizen hervorgebracht habe (vgl. MARIAS 1990: 17 f.). Angesichts dieser überaus positiven Beurteilung der spanischen Taten in Amerika – unter schlichter Ausblendung aller historischen Fakten, die nicht zur *leyenda rosa* passen – nimmt es nicht wunder, daß für den Autor die Trennung der spanischen Kolonien vom Mutterland ein ebenso unverständliches wie traumatisches Ereignis darstellt, das die Dekadenz sowohl Amerikas als auch Spaniens nach sich gezogen habe (vgl. MARIAS 1990: 20). Auch in dieser Hinsicht erweist sich Marías Position als reaktionär, ist seine Haltung zur lateinamerikanischen Unabhängigkeit doch die gleiche wie die der Panhispanisten des 19. Jahrhunderts (vgl. REHRMANN 1990a: 19).

Wie Marías, behauptet auch der spanische Historiker Guillermo Céspedes de Castillo die moralische Überlegenheit des spanischen Kolonialsystems über das angelsächsische. Nach Castillo lassen sich in der Kolonialzeit Amerikas grob drei Phasen unterscheiden: die erste sei die der noch vollkommen mittelalterlich denkenden Konquistadoren gewesen, denen es in erster Linie um die Besiedelung des Kontinents gegangen sei – «el conquistador, si lo consideramos como protagonista de la primera fase hasta 1550, es, ante todo, un poblador» (CESPEDES DE CASTILLO 1988: 41) – ; die zweite sei die der Vizekönigreiche gewesen, in der die Spanier vor allem die Schaffung einer mächtigen transatlantischen Monarchie im Sinn gehabt hätten. Erst in der dritten Phase, der des nordeuropäischen Kapitalismus (mit «nordeuropäisch» meint der Autor Holland und England), habe die ökonomische Ausbeutung des amerikanischen Kontinents begonnen:

> «Esta Europa no aspira a poblar, no aspira a crear un poder, aspira a explotar económicamente los recursos naturales y, por supuesto, todo lo que encuentre.» (CESPEDES DE CASTILLO 1988: 41)

Die ökonomische Ausbeutung der Indianer im spanischen *encomienda-System* schlicht totschweigend, zeichnet Castillo den Konquistador als frommen und friedlichen Gründer von Städten und Dörfern mit Häusern, Kirchen, Äckern, Weiden und Handwerksbetrieben:

> «Esta es, a mi juicio, la gran importancia de los conquistadores: [...] la vida que dejan creada, las ciudades que dejan fundadas, las economías que desarrollan. [...] La conquista en este aspecto es creación, es vida, es un mundo nuevo que surge casi por ensalmo, cierto que con el trabajo y colaboración de los indígenas, pero también con el esfuerzo de los españoles.» (CESPEDES DE CASTILLO 1988: 48)

Diese idyllisierende Deskription der Taten der Konquistadoren versucht mit der euphemistischen Vokabel «colaboración» der Zwangsarbeit der Indianer den Anschein von Freiwilligkeit zu geben und suggeriert mit der Formulierung «un mundo nuevo que surge casi de ensalmo» eine von den Spaniern vorgefundene kulturelle *tabula rasa*, wo in Wirklichkeit teilweise hochkomplexe Kulturformen existierten.

Die Dezimierung der indianischen Bevölkerung bezeichnet Castillo als «gran tragedia», die jedoch nicht auf die Grausamkeit der Konquistadoren, sondern auf den ‹Mikrobenschock› zurückzuführen sei (vgl. CESPEDES DE CASTILLO 1988: 49).

Eine ähnliche Position vertritt Yañez Barnuevo, auch wenn er sie etwas taktischer formuliert als Céspedes de Castillo. Er beruft sich zunächst auf Guerras These zur Verteidigung der spanischen Konquistadoren gegen den Vorwurf des Völkermords. Danach widmet er der Existenz der Folter und der Zwangsarbeit während der spanischen Kolonialherrschaft einen kurzen Satz, um schließlich ausführlich bei der Zivilisationsleistung Spaniens in Amerika zu verweilen: die Gründung von Städten und Universitäten, der Straßen- und Hafenbau, die Bevölkerung vorher dünnbesiedelter Gebiete, die wissenschaftlichen Expeditionen und der Aufbau eines Justiz- und Verwaltungsapparates nach spanischem Muster (vgl. YAÑEZ BARNUEVO 1988: 18).

Die Feierkritiker klagen dagegen die spanischen Kolonisatoren der Zerstörung der altamerikanischen Kulturen an. Viele Gegner des *Quinto Centenario* heben im Zusammenhang mit dieser Anklage die hohe Zivilisationsstufe und damit den Wert der präkolumbinen Kulturen hervor. So schreibt beispielsweise Eduardo Galeano, nachdem er die kulturellen Leistungen der indianischen Kulturen auf dem Gebiet der Mathematik, der Astronomie und der sozialen Organisation dargestellt hat:

«La América precolombina era vasta y diversa [...]. Reducir la realidad indígena americana al despotismo de los imperadores incas, a las practicas sanguinarias de la dinastia azteca, equivale a reducir la realidad de la Europa renacentista a la tiranía de los monarcas o a las siniestras ceremonias de la Inquisición.» (GALEANO 1992: 5)

Diese Argumente sind als direkte Reaktion auf die Geringschätzung der präkolumbinen Kulturen zu sehen, die – wenn auch inzwischen nicht mehr so explizit wie früher – immer noch die Position derjenigen bestimmt, die den Kolonialismus rechtfertigen.

Auch der Hinweis von Carlos Fuentes, die autochthonen Kulturen hätten sich in einem stetigen Entwicklungsprozeß befunden (vgl. FUENTES 1992: 2), ist als Antwort auf ein Argument zu lesen, das bereits im Zusammenhang mit dem *Cuarto Centenario* zur Rechtfertigung der Conquista benutzt wurde. Damals wurde behauptet, daß die indianischen Kulturen zum Zeitpunkt ihrer ‹Entdeckung› durch die Spanier bereits in Dekadenz befindlich waren und daher auch ohne spanisches Zutun untergegangen wären (vgl. BERNABEU 1987: 147 f.).

Das Bestreben, die ‹Zivilisiertheit› und damit die Gleichwertigkeit oder sogar Höherwertigkeit der präkolumbinen Kulturen nachzuweisen, bringt jedoch ein gravierendes Problem mit sich: Es erschwert die objektive Wahrnehmung dieser Kulturen, da es ihre genuine Andersartigkeit mindestens teilweise leugnet und stattdessen mit ihrer Ähnlichkeit mit der europäisch-westlichen Kultur argumentiert, da letztere als Maßstab für den Grad der ‹Zivilisiertheit› dient.

Besonders evident wird dieses Problem in einem Diskussionsbeitrag Galeanos, in dem nicht die Ähnlichkeit zwischen den altamerikanischen Zivilisationen und der europäischen Zivilisation des 16. Jahr-

Die historische Kontroverse 87

hunderts thematisiert wird (die sonst meist der Bewunderung für die präkolumbinen Kulturen zugrunde liegt), sondern – implizit – die Ähnlichkeit einiger präkolumbiner Kulturen mit der europäisch-westlichen des 20. Jahrhunderts.

Galeano tut dies, indem er die ‹modernen› (mitzuverstehen: höherwertigen) Kulturelemente der präkolumbinen Kulturen aus der Perspektive der ‹rückständigen› (mitzuverstehen: minderwertigen) spanischen Kultur des 16. Jahrhunderts schildert:

> «El matrimonio no era indisoluble en ningún lugar de América y la virginidad no tenía valor. [...] Los indios tenían la malsana costumbre de bañarse todos los días [...]. Los iroqueses, los guaraníes y otros indios de América elegían a sus jefes en asambleas, donde las mujeres participaban a la par de los hombres, y los destituían si se volvían mandones. Poseído sin duda por el demonio, el cacique Nicaragua preguntó quien había elegido al rey de España.» (GALEANO 1988b: 18)

Ob es um Sexualmoral, Hygieneverhalten, Frauenrolle oder Formen politischer Herrschaft geht: Stets hebt Galeano in seiner Argumentation die Elemente der altamerikanischen Kulturen hervor, die der modernen westlichen Kultur ähnlich sind, insbesondere die demokratische Organisation der von ihm genannten indianischen Gesellschaften. Das hier von Galeano angewendete Verfahren, als charakteristische Merkmale des Anderen gerade die Ähnlichkeit mit dem Eigenen herauszustreichen, hat sein historisches Vorbild in der *Apologética Historica* von Las Casas, die Todorov eingehend analysiert hat. Todorov stellt hinsichtlich Las Casas' zutreffend fest, dieser wolle mit seiner Schrift vor allem zeigen, daß keine Sitten oder Gewohnheiten der Indianer beweise, daß sie minderwertige Wesen seien; daher gehe Las

Casas an jedes Faktum mit Bewertungskategorien heran, bei denen das Ergebnis der Gegenüberstellung von vornherein feststehe, und gelange daher nur zu einer sehr lückenhaften Erkenntnis der anderen Kultur:

> «Zwar ist unbestreitbar, daß das Vorurteil der Superiorität ein Hindernis auf dem Wege der Erkenntnis ist, doch dann muß man auch zugeben, daß das Vorurteil der Gleichheit ein noch größeres ist, denn es besteht darin, den anderen schlicht und einfach mit dem eigenen ‹Ich-Ideal› (oder mit dem eigenen Ich) zu identifizieren.» (TODOROV 1992: 199)

Eben dieses «Vorurteil der Gleichheit» ist m. E. auch an Galeanos methodischem Vorgehen zu kritisieren. Hatte Las Casas' Versuch, die Gleichwertigkeit der Indianer mit der Ähnlichkeit oder Gleichheit ihrer Kultur im Vergleich zur damaligen europäischen Kultur zu zeigen, schon zu einem höchst unvollständigen Indianerbild geführt, so ist Galeanos Beschreibung der indigenen Kulturen noch problematischer: Wenn er die präkolumbinen Kulturen mit dem eigenen Ich-Ideal beispielsweise von Demokratie und Frauenemanzipation identifiziert, so tut er dies nicht nur über den Abstand zweier völlig andersartiger Kulturen hinweg, sondern auch über den Abstand von einem halben Jahrtausend.

Objektiver erscheint dagegen die Bemerkung Galeanos, daß die altamerikanischen Gesellschaften in einer strengen hierarchischen Ordnung von Königen und Priestern beherrscht worden seien und einem Verhaltenskodex unterlegen hätten, der wenig oder keinen Raum für individuelle Freiheit gelassen habe. Doch selbst in den repressivsten Gesellschaften des alten Amerika, so fährt der Autor fort, sei die Unterdrückung nicht so schlimm gewesen wie die durch die spanische Kolonialherrschaft. So hätten beispielsweise die Azteken Sklaven für sich arbeiten lassen; doch sei bei ihnen der Sklavenstatus nicht erblich gewesen (wie später unter der Herrschaft der Europäer) (vgl. GALEANO 1988b: 18). Dieses zutreffende Argument ist nicht neu. Es richtet sich gegen die Behauptung, die Conquista sei dadurch gerechtfertigt gewesen, daß die Spanier gegen die aztekischen und inkaischen Herrscher kämpften, unter deren Tyrannei die indigene Bevölkerung litt – eine Rechtfertigung, die bereits im 16. Jahrhundert diskutiert wurde. Schon damals hatte Vasco de Quiroga sie zu Recht mit der Begründung verworfen, daß die Unrechtssituation, die angeblich den Grund für die Intervention darstellte, nicht überwunden worden, sondern im Gegenteil verschlimmert worden sei (vgl. GARZON VALDES 1991: 61 f.).

Der spanische Historiker Pedro Vives Azancot wie auch der peruanische Anthropologe Fernando Silva-Santisteban stellen ihre Anklage der Zerstörung der altamerikanischen Kulturen durch die spanischen Kolonisatoren auf eine tragfähigere Basis als Galeano. Die beiden Wissenschaftler lehnen unabhängig voneinander die Diskussion um den Zivilisationsgrad bzw. den Wert der präkolumbinen Kulturen ab, da sie sich im Rahmen der evolutionistischen Kulturtheorie bewegt, die davon ausgeht, daß die kulturelle Entwicklung der Menschheit sich stufenweise von ‹barbarischen› (minderwertigen) zu ‹zivilisierten› (höherwertigen) Kulturformen vollzieht. Silva-Santisteban begründet seinen kulturrelativistischen Standpunkt damit, daß sich weder ein einziges und wahres Wesen des Menschen noch sonst eine teleologische Bestimmung ausmachen lasse, an der sich die Entwicklung der Kultur messen ließe. Ob das Leben in einer Gesellschaft von deren Mitgliedern als glücklich und sinnerfüllt empfunden werde, hänge keineswegs von deren ‹Zivilisationsgrad› ab (dieser Terminus sollte nach Ansicht des Autors besser durch ‹technoökonomische Leistungsfähigkeit› ersetzt werden); jede Gesellschaft hielte ihre Lebensform für die einzig lebenswerte (vgl. SILVA-SANTISTEBAN 1988: 133).

Sowohl Silva-Santisteban als auch Vives Azancot kommen aus ihrer kulturrelativistischen Perspektive zu einer beeindruckend objektiven Beschreibung der Zerstörung der altamerikanischen Kulturen; eine Beschreibung, die in ihrer Genauigkeit und Tiefenschärfe erschütternd ist. Vives Azancot zählt die vielen Facetten des Genozids wie folgt auf:

> «[...] choque bacteriano provocado por hombres y animales, depredación masiva de tierras, cambio y/o aceleración en la explotación de cultivos, castigos, ejecuciones, sobreexplotación laboral, desarticulación social, represión eideética y religiosa, desestructuración violenta o impositiva de la sexualidad aborigen, intervención brusca en el equilibrio entre fertilidad y mortalidad, cambios dietéticos sin transición y, a modo de síntesis, transformación del uso y de la forma del paisaje.» (VIVES AZANCOT 1988: 103).

Azancots besondere Aufmerksamkeit gilt dabei der biologischen Dimension der Kulturzerstörung, die er nicht nur in der verheerenden Wirkung des ‹Mikrobenschocks› sieht, sondern auch im massiven Eingriff der Eroberer in die Nahrungsmittelerzeugung und die Ernährung der Indianer: Die auf eine vorwiegend vegetarische Ernährung ausgerichtete indigene Agrarwirtschaft wurde ebenso rasch wie gewaltsam dem europäischen Bedürfnis nach proteinreicher Nahrung angepaßt, was zu mangelnder Versorgung der Indianer mit den ihrem Organismus vertrauten Nahrungsmitteln führte (vgl. VIVES AZANCOT 1988: 113).

Silva-Santisteban stellt im gleichen Zusammenhang die These auf, daß das von den Bewohnern der Andenregion entwickelte Landwirtschaftssystem zum Zeitpunkt der Ankunft der Spanier zu den höchstentwickelten der damaligen Welt gehört habe. Seine Zerstörung habe den Verlust einer komplexen und hocheffektiven Agrartechnologie bedeutet, der sich bald nach der Einführung europäischer Nutzpflanzen und -tiere sowie nach der Umstellung auf europäische Anbaumethoden durch eine Zunahme der Bodenerosion bemerkbar gemacht habe (vgl. SILVA-SANTISTEBAN 1988: 142; 146).

Besonders detailliert geht Silva-Santisteban auf die Zerstörung des inkaischen Wirtschafts- und Sozialgefüges ein, das er als ein System beschreibt, dessen Grundprinzipien die Reziprozität und die Redistribution von Gütern und Dienstleistungen gewesen seien und das eine optimale Verteilung der Produkte an alle Mitglieder der Gesellschaft garantiert habe. Die Einführung der kapitalistischen, akkumulierenden Produktionsweise durch die Europäer habe diese sinnvollen Distributionsmechanismen zerstört und zu der ungleichen Güterverteilung geführt, die sich bis heute fortsetze (vgl. SILVA-SANTISTEBAN 1988: 139; 143 ff.).

Ein Teil der Gegner des *Quinto Centenario* stellte die Integration des amerikanischen Kontinents in die damals den Europäern bekannte Welt und die sozioökonomischen Folgen dieser Integration, die Silva-Santisteban hier thematisiert, in den Vordergrund ihrer Kritik an der Fünfhundertjahrfeier. Mit beträchtlichem publizistischen Aufwand tat dies vor allem die Initiative *Emancipación e Identidad de América Latina: 1492–1992*, die das Jahr 1492 als Anfang der Herausbildung eines kapitalistischen Weltmarktes interpretiert, mit dem die Grundlagen für die Herrschaft eines kleinen Teils der Welt (heute die ‹Erste Welt› genannt) über den großen Rest (die ‹Dritte Welt›) geschaffen wurden. So schreibt der uruguayische Schriftsteller Mario

Benedetti in dem von der Initiative herausgegebenen Sammelband *Nuestra América frente al V Centenario*:

«Una importante cuota de nuestro subdesarrollo es consecuencia del desarrollo ajeno. El envidiable nivel de vida alcanzado en un pasado cercano por los Estados Unidos y algunos países europeos de mayor desarrollo, se debe probablemente a la planificada expoliación, pasada o presente, de otras regiones que hoy pertenecen al llamado Tercer Mundo.» (BENEDETTI 1992: 22)

Letztlich geht es hier um die Frage nach der Ursache der desolaten wirtschaftlichen und sozialen Verhältnisse in Lateinamerika. Es ist das Verdienst der Initiative *Emancipación e Identidad de América Latina: 1492-1992*, die Frage nach der Genese von Abhängigkeit und Unterentwicklung mit allem angemessenen Nachdruck in der Debatte um den *Quinto Centenario* zu stellen. Allerdings beantwortet die Initiative diese Frage im Rahmen eines dependenztheoretischen Ansatzes, den Bernecker zu Recht als «ziemlich undifferenziert» (BERNECKER o. J.: 334) kritisiert.

Die Feierbefürworter dagegen meiden diese Frage meist in auffälliger Weise, sofern sie nicht – wie Julián Marías – die grob geschichtsverfälschende Antwort darauf geben, erst mit der Unabhängigkeit sei es zu kolonialen Strukturen und damit zur Dekadenz Lateinamerikas gekommen (s. Kap. 2.3.3.).

2.3.4. Die frühen spanischen Kolonialkritiker und die Indianerschutzpolitik der spanischen Krone: Indizien für eine ‹humanere Kolonisierung›?

Richtet sich der Blick der bisher vorgestellten Feierbefürworter mehr auf die Konquistadoren, so gilt die Aufmerksamkeit der nun präsentierten Gruppe von Autoren mehr der Entwicklung der spanischen Kolonialethik, die sich unter anderem in der Gesetzgebung zum Schutz der indigenen Bevölkerung äußerte. Bei diesen Autoren fällt auch die Geringschätzung der altamerikanischen Kulturen wesentlich subtiler aus.

Als paradigmatisch für die Positionen dieser Intellektuellen kann die Sichtweise Rubert de Ventós' gelten. Der Autor beschäftigt sich zunächst ausführlich mit den präkolumbinen Hochkulturen und würdigt ihr perfekt organisiertes Sozialgefüge, ihre Staatsbürokratie, ihre urbane Struktur, ihre Monumentalarchitektur, ihre militärisch-politischen Fähigkeiten und ihre Leistungen auf dem Gebiet der Astronomie und Mathematik (vgl. RUBERT DE VENTOS 1987: 16). Dies hindert ihn aber nicht, angesichts der technisch-strategischen Überlegenheit der Spanier in der Conquista festzustellen, daß es sich bei der Begegnung zwischen Spaniern und Indianern nicht um ein «enfrentamiento [...] entre dos culturas, sino entre dos edades de la humanidad» (RUBERT DE VENTOS 1987: 20) gehandelt habe. So richtig der Verweis auf die technische Überlegenheit der spanischen Konquistadoren auch ist: an dieser Stelle führt der Autor mit der These von den «dos edades de la humanidad» einen eurozentrischen Entwicklungsbegriff ein, für den es nur eine Zeitfrage zu sein scheint, bis die indigenen Gesellschaften Amerikas – trotz der oben zitierten bewunderswerten kulturellen Leistungen – europäisches Niveau erreicht hätten. Damit erhalten die Indianer nun den Status von Basisinkompetenten, die paternalistischer Maßnahmen von spanischer Seite bedürfen, um den ‹Anschluß› an die europäische technologische Entwicklung zu finden. Die Eroberung und Kolonisierung Amerikas wird so von Ventós mit dem Argument gerechtfertigt, sie habe (wenigstens teilweise) den Charakter eines ethisch vertretbaren Paternalismus gehabt. Das Hauptanliegen des Autors besteht im folgenden darin, seine These zu verifizieren, die spanische Kolonisation sei – trotz des *de facto* erfolgten Genozids, das Ventós keineswegs leugnet, aber zu relativieren versucht – im Vergleich mit ihrer angelsächsischen Variante letzten Endes die ‹humanere› Kolonisationsform gewesen.

Den demographischen Kollaps der autochthonen Bevölkerung nach der Ankunft der Spanier relativiert der Autor mit dem Hinweis darauf, daß der angelsächsische Kolonialismus die Indianer noch stärker dezimiert habe. Schuld am Genozid sei außerdem – in ganz Amerika – vor allem der ‹Mikrobenschock› gewesen. Die Absicht des Autors, mit diesen Argumenten von der spanischen Verantwortung abzulenken, wird spätestens dann evident, wenn er bemerkt:

> «Se trata de un proceso de explotación, destrucción, y piensan los mal pensados que incluso de guerra bacteriológica [...] aunque nunca haya podido comprobarse entre los españoles una propuesta como la de Jeffrey Amhest de inocular la viruela a los pieles rojas vendiéndoles mantas infectadas de pus.» (RUBERT DE VENTOS 1987: 23)

Damit leitet Ventós wieder zu seiner These von der moralischen Überlegenheit der spanischen Kolonisation im Vergleich zur angelsächsischen über, die er folgendermaßen auf den Begriff bringt:

> «Frente a la *superioridad* implícita en todas las conquistas clásicas y la pura *instrumentalidad* con que se plantean las modernas, la

evangelización hispana se basa en el supuesto de la libertad y igualdad de los pueblos sometidos. La ‹materia prima› de la evangelización no son los siervos sino las almas.» (RUBERT DE VENTOS 1987: 24)

Auch diese These ist nicht neu: sie wurde im vorigen Jahrhundert erstmals von Menéndez y Pelayo vorgebracht (vgl. REHRMANN 1990a: 19) und im Zusammenhang mit der Vierhundertjahrfeier von anderen Wissenschaftlern, denen an einer positiven Neuinterpretation der spanischen Kolonialgeschichte gelegen war, weiterentwickelt (vgl. BERNABEU 1987: 126). Im Gegensatz zu Menéndez y Pelayo, der – im Kontext seiner Verteidigung Spaniens gegen die *leyenda negra* – gegen Las Casas' Texte ebenso wie gegen dessen Person polemisiert hatte (vgl. REHRMANN 1990a: 19), gründet Ventós jedoch seine These von einer genuin ‹anderen› Wesensart des spanischen Kolonialismus auf ein sehr positives Las Casas-Bild: bei dem Dominikanermönch, so Ventós' Interpretation, lasse sich die Überwindung des fanatisch-messianischen Geistes des Christentums und eine klare Tendenz nicht nur Toleranz, sondern sogar zu einer kulturrelativistischen Haltung erkennen (vgl. RUBERT DE VENTOS 1987: 24 f.). Der Autor widerspricht damit ausdrücklich der m. E. überzeugenderen Las Casas-Interpretation Todorovs (vgl. RUBERT DE VENTOS 1987: 24), der – bei aller Achtung vor Las Casas' Verdiensten um die Verbesserung der Lage der Indianer – dessen eurozentrische Perspektive herausarbeitet:

«Las Casas will die Vereinnahmung der Indianer nicht unterbinden, er will nur, daß sie eher von Mönchen als von Soldaten bewerkstelligt wird. [...] Unterwerfung und Kolonisierung müssen aufrechterhalten werden, aber anders vonstatten gehen; daraus werden nicht nur die Indianer Gewinn ziehen (weil sie nicht mehr gefoltert und ausgerottet werden), sondern auch der König und Spanien.» (TODOROV 1992: 205)

Für Ventós ist auch die Indianerschutzpolitik der spanischen Krone ein Zeichen des «sentido de libertad y de la tolerancia» (RUBERT DE VENTOS 1987: 34); als problematisch sieht er bei den Bemühungen Las Casas' wie bei den unter Carlos V erlassenen *Leyes Nuevas* allerdings die Fixierung auf Schutz und Erhaltung der indigenen Gesellschaften an, da auf diese Weise kein Beitrag zu deren ‹Entwicklung› geleistet worden sei (vgl. RUBERT DE VENTOS 1987: 55). Erst die spanischen Jesuiten, so seine These, hätten die Grundlagen für die Modernisierung und Entwicklung dieser Gesellschaften gelegt, indem sie in bewunderswert effektiver Weise die Modernisierung der Produktionsmethoden gefördert hätten, ohne sich dabei der ausbeuterischen Ideologie des Kapitalismus zu verschreiben:

«Frente al paternalismo legal y el idealismo caballeresco, los jesuitas se plantean el problema en términos de *desarrollo* y no sólo de *caridad* – de *producción* y no sólo de mera *protección* de los indios. *Pero como era posible un proyecto moderno no sustentado por la ‹ideología orgánica› de esta modernidad?* He aquí el impresionante reto que plantean los jesuitas al colonialismo español: mantenerse fiel a su original impulso renacentista y cristiano, que significa dejar definitivamente de ser *aún* medieval sin hacerse *ya* protestante-ilustrado; superar la ideología del monje o del hidalgo sin suplantarla por la del comerciante o el burgués.»
(RUBERT DE VENTOS 1987: 57)

Dieser jesuitische ‹Kolonialstil› sei die einzige ernsthafte spanische Alternative zum angelsächsischen Modell der Kolonialisierung; er sei der auch heute noch nachahmenswerte Versuch, politischen und ökonomischen Erfolg zu erzielen, ohne sich auf die Theologie von der Ungleichheit der Menschen (die protestantische Ethik) zu stützen (vgl. RUBERT DE VENTOS 1987: 58).

Diese nicht uninteressante These erweist sich als problematisch insofern, als sie die Existenz eines moralisch ‹guten› Kolonialismus (dessen historisches Vorbild bei den Jesuiten zu finden sei und der – modifiziert – auch in der Gegenwart praktiziert werden könne) unterstellt und damit letzten Endes den Kolonialismus als solchen rechtfertigt.

Wie die Berufung auf die Indianerschutzpolitik der spanischen Monarchen zur Rechtfertigungsstrategie geraten kann, bewies auch Luis Yañez Barnuevo 1990 in einer Rede vor Vertretern indigener Organisationen aus Lateinamerika, in der er sagte:

> «España lamenta la extinción de culturas y civilizaciónes, acaecida como consecuencia del encuentro entre los dos mundos. [...] la corona se preocupó siempre por la defensa de la dignidad del indígena [...]. La ecuanimidad de los monarcos fue a menudo desoída por ambiciosos funcionarios.» (zitiert nach *El País* 13.8.1990: 18)

Daß über die Hälfte der indianischen Delegierten auf diese Worte hin unter lautem Protest den Saal verließ, kann nicht verwundern: Das von Yañez Barnuevo sicherlich mit Bedacht gewählte Verb «acaecer» («acaecido») läßt die Frage nach den Verantwortlichen für das fragliche Ereignis offen. Darauf folgt der Hinweis Barnuevos, daß die Conquista als Staatsprojekt wohlmeinenden paternalistischen Charakter hatte, und erst am Schluß des Gedankenganges ist von «ambiciosos funcionarios» die Rede, die auf diese Weise eher als untypische Einzeltäter wirken. Daß die Indianerschutzpolitik der spanischen Krone erst auf Betreiben der Kolonialkritiker zustande kam, bleibt in der Rede des Staatssekretärs ebenfalls unerwähnt.

Luis Yañez Barnuevo vertritt damit in bezug auf die Indianerschutzpolitik der spanischen Krone genau die gleiche Position wie König Juan Carlos I. – letzterer nennt überdies «la sensibilidad como mujer de la Reina Isabel» (zitiert nach HERNANDEZ SANCHEZ-BARBA 1981: 350) als Motiv für den Erlaß der Indianerschutzgesetze im Jahre 1512.

Wie die bisher vorgestellten Autoren, so vertritt auch der spanische Jurist Juan Antonio Carrillo Salcedo die These von einem relativ ‹humanen› spanischen Kolonialismus. Er tut dies, im Gegensatz zu Rubert de Ventós, allerdings nicht so sehr unter dem Rückgriff auf Las Casas, als vielmehr unter Berufung auf Francisco de Vitoria. Das Verdienst Vitorias und anderer Theologen und Juristen der spanischen Scholastik sei es gewesen, so der Autor, auf das Naturrecht der autochthonen Bevölkerung auf politische Selbstbestimmung hinzuweisen und nur das *ius communicationis* als Rechtsgrund für die Präsenz der Spanier in der ‹Neuen Welt› zuzulassen. Damit hätten Vitoria und die Scholastiker der *Escuela de Salamanca* die ethische Dimension der Conquista thematisiert und den Grundstein zur Entwicklung des Völkerrechts auf der Basis souveräner und unabhängiger Staaten gelegt (vgl. CARRILLO SALCEDO 1990: 32). Die auf Vitoria zurückgehende ethische Dimension des Internationalen Rechts sei erst im 19. Jahrhundert von den europäischen Kolonialmächten eliminiert worden:

«El interés primordial de las potencias coloniales fue la protección de sus intereses y de sus nacionales; de este modo, aligerado de una gran parte de su contenido ético, el Derecho Internacional se convirtió en un sistema jurídico adaptado a las necesidades de la expansión y del imperialismo.» (CARRILLO SALCEDO 1990: 34)

Die historische Kontroverse 99

Diese ausschließlich positive Interpretation des Werks Francisco de Vitorias, die bisher in der Wissenschaft dominiert, ist jedoch von anderer Seite relativiert worden. So führt beispielsweise Todorov an, daß Vitoria auch Gründe zur Rechtfertigung des Eroberungskrieges genannt habe, nämlich: Es sei rechtmäßig, in einem fremden Land zu intervenieren, wenn dies dem Schutze Unschuldiger gegen die Tyrannei der einheimischen Führer und Gesetze diene oder wenn die Bewohner des fremden Landes unfähig seien, sich vernünftig zu regieren. Todorov kommt daher zu dem Schluß, daß Vitoria entscheidend zur Fortsetzung der Kolonialkriege beigetragen habe, indem er – «unter dem Deckmantel eines auf Gegenseitigkeit gründenden Völkerrechts» (TODOROV 1992: 182) – erstmals eine rechtliche Basis für die Conquista geliefert habe (vgl. TODOROV 1992: 181 f.).

Die frühe Infragestellung der rechtlichen Grundlagen und Methoden der Kolonialexpansion durch nicht wenige spanische Juristen und Mönche wird auch von der Feiergegnern diskutiert. Meist verweisen diese jedoch zu Recht darauf, daß die Proteste Las Casas' und anderer Kolonialkritiker zwar zum Erlaß der Indianerschutzgesetze führten, diese Gesetze aber in der kolonialen Praxis kaum Anwendung fanden (vgl. BENEDETTI 1992: 18; SELSER 1992: 200; MIRET MAGDALENA 1988: 12).

Besonders scharf kritisieren sie das von manchen Feierbefürwortern gezeigte Bestreben, unter Berufung auf die Existenz der Indianerschutzgesetze das Bild einer relativ humanen spanischen Kolonialherrschaft zu entwerfen. So fragt beispielsweise Gregorio Selser:

«*Humanidad y sabia administración* de los españoles? Cuántas enciclopedias podrían nutrirse de referencias y documentación históricas válidas para refrendar su generalizada inexistencia, prolongada durante siglos no obstante las solitarias voces de protesta y repudio?» (SELSER 1992: 200)

Und Rafael Sánchez Ferlosio macht darauf aufmerksam, daß sich allein im Wortlaut der Indianerschutzgesetze die Inhumanität des spanischen Kolonialsystems manifestiere: «Las leyes de Burgos de 1512, más que leyes, parecen denuncias, al prohibir literalmente llamar a los indios *perros* y darles palos» (SANCHEZ FERLOSIO 1988c: 41).

Auch Manuel Vázquez Montalbán äußert den bereits genannten Verdacht, daß den Feierbefürwortern mit dem Verweis auf die Kolonialethik vor allem daran gelegen sei, die koloniale Vergangenheit Spaniens in einem besseren Licht erscheinen zu lassen. Der in bezug auf die historischen Fakten unseriöse Versuch der Feierbefürworter, das Wirken Las Casas' quasi als Gegengewicht zur Destruktivität des spanischen Kolonialsystems hinzustellen, wird von Montalbán mittels einer scharfzüngigen Paraphrase dieses Bemühens attackiert:

«Hay gangsters depredadores al frente de la colonización, pero hay que poner en el otro fiel de la balanza a Las Casas. Si Las Casas no existiera habría que inventarlo.» (VAZQUEZ MONTALBAN 1990: 49)

Obwohl alle genannten Feierkritiker die spanische Kolonialethik unter dem Aspekt ihrer weitgehenden praktischen Wirkungslosigkeit relativieren, differieren mitunter ihre Argumentationen in Einzelfragen dieses Themas. In besonderem Maße ist dies in der Bewertung der Rolle Francisco de Vitorias der Fall.

Während beispielsweise Gregorio Selser die Verdienste Vitorias um die Anerkennung der Rechte der indigenen Bevölkerung ausführlich hervorhebt (vgl. SELSER 1992: 200), weist der Spanier E. Miret

Magdalena auf gravierende Widersprüche in der Position des Dominikanerpaters hin:

«Ante las repetidas denuncias de los excesos cometidos allí, ‹quiso su Majestad [el emperador Carlos V] dejar estos reinos a los Incas›, pero se interpuso fray Francisco de Vitoria y ‹le dijo que no los dejase, que se perdería la cristiandad›, según reza un documento de la época. Como se ve, el que defendió en teoría a los indios, no los defendió en lo concreto.» (MIRET MAGDALENA 1988: 12)

Und der spanische Philosophieprofessor Cerezo Galán erinnert daran, daß Vitoria neben dem *ius communicationis* noch eine andere rechtliche Grundlage für das spanische Kolonialunternehmen annahm, nämlich die notfalls auch gewaltsame Bekehrung der Indianer zum Christentum. Mit dieser Rechtfertigung der Eroberungskriege, so der Autor, sei der Dominikaner unbewußt zum Wegbereiter des eurozentristischen Denkens geworden, das dem kulturellen Expansionismus Europas zugrunde liege (vgl. CEREZO GALAN 1990: 47 f.).

Rafael Sánchez Ferlosio schließlich lenkt in der Diskussion um die Kolonialethik die Aufmerksamkeit auf zwei völlig neue Aspekte. Der erste ist ideengeschichtlicher Art und hat die Mentalität der Renaissance zum Gegenstand, die in den Elogen der ‹Entdeckung› immer wieder hervorgehoben wird. Laut Ferlosio waren die einzigen Reserven an Humanität und Gewissen, die in der frühen Kolonialzeit anzutreffen waren, gerade nicht auf den vielgelobten Geist der Renaissance zurückzuführen, sondern auf die mittelalterliche Spätscholastik in der Tradition des Thomas von Aquin. Der typische Renaissancemensch, so führt Ferlosio weiter aus, sei dagegen Juan Ginés de Sepulveda gewesen, der unter Berufung auf Aristoteles das Kolonialunternehmen gegenüber den ‹ungebildeten und barbarischen› Indianern rechtfertigte (vgl. SANCHEZ FERLOSIO 1988c: 41). Ferlosios Rückgriff auf die philosophischen Wurzeln der frühen Kolonialkritiker dient damit letzten Endes der Kritik am Konzept der ‹Entdeckung› Amerikas als Beitrag Spaniens zur ‹großartigen› Epoche der Renaissance.

Zum anderen erinnert Ferlosio daran, daß die frühe Selbstkritik – die auch er als positive Besonderheit des spanischen Kolonialismus wertet – die internationale Anerkennung Spaniens als Imperium verhindert habe, die anderen Kolonialmächten (wie dem Römischen Reich und Großbritannien) zuteil geworden sei. Wenn nun mittels der Fünfhundertjahrfeier versucht werde, *a posteriori* endlich diese internationale Anerkennung zu erhalten, so müsse dies zwangsläufig in eine Diskreditierung der frühen kritischen Stimmen münden. Auf diesem Hintergrund fordert der Autor, daß an die Stelle des spanischen Strebens nach Anerkennung als (ehemaliges) Imperium die Rückbesinnung auf die Tradition der frühen Kolonialkritiker treten müsse, die eben diese Anerkennung verhindert hätten, indem sie die Rechtmäßigkeit des kolonialen Unternehmens schon in seiner Anfangsphase in Frage stellten (vgl. SANCHEZ FERLOSIO 1988d: 36).

2.3.5. Das amerikanische *mestizaje:* ‹Liebeswerk› oder ‹ethnische Vergewaltigung›?

Ein Teil der Feierbefürworter versucht, neben den spanischen Kolonisatoren und deren frühen Kritikern in gleichem Maße die autochthone Bevölkerung Amerikas in den Blick zu bringen. Dies geschieht im Rahmen des *encuentro*-Konzeptes, in dem die wechselseitige Bereicherung der amerikanischen und europäischen Kultur betont und insofern der Kolonialismus aufgrund seiner ‹langfristig positiven› Folgen in gewisser Weise gerechtfertigt wird.

So hebt der Venezolaner Arturo Uslar Pietri den umfassenden historischen Prozeß des kulturellen *mestizaje*, der alle beteiligten Kulturen tiefgreifend verändert habe und somit tatsächlich als Entstehungsprozeß einer universal ‹Neuen Welt› zu betrachten sei, als positives Resultat des *encuentro* hervor (vgl. MOLINA MARTINEZ 1991: 122 f.). Die Rassenvermischung in ihrer kulturellen wie biologischen Dimension wird in der Positivdeutung dieser Autoren zum Ideal zwischenrassischer Beziehungen. Der Schriftsteller Jorge Amado behauptet beispielsweise, im Falle Brasiliens habe das *mestizaje* das Land in ein

> «gewaltiges Liebeslager verwandelt, auf dem sich Blut, Götter, Rhythmen und Geschmäcker vermengten, um ein Volk außerordentlicher Süße und selten anzutreffender Herzlichkeit zu bilden» (zitiert nach BERNECKER 1992b: 1305).

Mestizaje, so Jorge Amado, sie die einzige Lösung für das Rassenproblem (vgl. BERNECKER 1992b: 1305).

Der brasilianische Autor bezieht damit eine ahistorische Position, die für den hohen mestizischen Bevölkerungsanteil im heutigen Brasilien eine positive historische Basis zu konstruieren versucht und auf diesem Wege das *mestizaje*-Konzept (s. Kap. 4.2.2.) als Schlüssel zur brasilianischen Identität propagiert.

Noch offensichtlicher ist die Funktionalisierung des *mestizaje*-Themas bei dem Spanier Carlos Robles Piquer, der damit das gesamte spanische Kolonialunternehmen rechtfertigt: «La empresa de España es una obra de mestizaje y cruce de sangres y, por tanto, una obra de amor y no de odio [...]» (zitiert nach SANCHEZ FERLOSIO 1988c: 40).

Ob die Rassenvermischung während der Eroberungskriege und der Kolonialzeit als Liebesidylle interpretiert wird (wie bei den beiden zuletzt zitierten Autoren) oder als Indiz für einen ‹humaneren› spanischen Kolonialismus im Vergleich zu seiner angelsächsischen Variante (wie bei Gregorio Selser und Juan Goytisolo) – immer steht ihre Positivdeutung in eklatantem Gegensatz zu den historischen Quellen, in denen der asymmetrische und gewaltsame Charakter der Rassenvermischung klar zutage liegt.

Laurette Séjourné belegt anhand der Texte spanischer Chronisten der Conquista, daß die spanischen Konquistadoren sich nicht anders verhielten als jede Soldateska nach dem Sieg: Der Raub, die Vergewaltigung und Ermordung von Frauen und Mädchen begleiteten die Conquista von Anfang an. Welch verheerendes Ausmaß diese Gewalt gegen Frauen und Mädchen annahm, zeigt die Tatsache, daß – obwohl den militärischen Handlungen vor allem die eingeborenen Männer zum Opfer fielen – die Zahl der weiblichen Bevölkerung während der Conquista sogar noch schneller abnahm als die der männlichen. Für die überlebenden Frauen bedeutete die Versklavung nicht nur Zwangsarbeit, sondern auch sexuelle Ausbeutung als Konkubinen und Gebärerinnen weiterer Sklaven und Sklavinnen (vgl. FISCHER WELTGESCHICHTE Bd.21 1971: 81).

Auch die Behauptung, das *mestizaje* belege die Abwesenheit rassistischer Vorurteile bei den Eroberern, hält einer wissenschaftlichen Überprüfung nicht stand: Trotz des Gesetzes von 1501, das Mischehen genehmigte, bestand während der gesamten Kolonialzeit eine Rassendiskriminierung, die sich deutlich in der Gesetzgebung niederschlug (vgl. FISCHER WELTGESCHICHTE Bd.21 1971: 82).

Das Thema der Rassenvermischung wird nicht von allen Feiergegnern angesprochen. Unter den Autoren, die sich dazu äußern, divergieren die Positionen erheblich. Wie bereits erwähnt, spricht sich

Die historische Kontroverse

Gregorio Selser ebenso wie Juan Goytisolo im Zusammenhang mit seiner Stellungnahme zur *leyenda negra* dafür aus, daß man die Rassenvermischung als Zeichen einer (wenn auch geringfügigen) moralischen Überlegenheit des spanischen Kolonialsystems über das angelsächsische ansehen könne, da es auf diese Weise unter der spanischen Herrschaft nicht zu einer systematischen Vernichtung der autochthonen Bevölkerung gekommen sei (vgl. Kap. 2.3.2.).

Andere Autoren widersprechen dieser Auffassung, die in der Rassenvermischung gewissermaßen die Antithese zu den Grausamkeiten der Conquista erblicken will. Während manche Autoren ihren Widerspruch eher in Nebensätzen äußern – wie etwa Pedro Vives Azancot, der bemerkt: «Se introdujo una dinámica de mestizaje sólo en ocasiones valorada o deseada [...] por las poblaciones afectadas» (VIVES AZANCOT 1988: 113) – widmet Rafael Sánchez Ferlosio ihm breiten Raum in seiner Argumentation gegen die Fünfhundertjahrfeier. Unter Berufung auf die historischen Fakten, die die Asymmetrie des *mestizaje* belegen – «La hembra blanca permaneció, étnicamente, virgen» (SANCHEZ FERLOSIO 1988c: 40) – spricht Ferlosio von einer ‹ethnischen Vergewaltigung› der Eroberten durch die Eroberer und greift die These von Carlos Robles Piquer mit beißendem Sarkasmus an:

«Donde está, pues, la ‹obra de amor› de que habló Robles Piquer? Acaso en el prostíbulo ambulante que la expedición de Soto llevó desde Florida a Carolina del Norte detrás de sí y cuya plantilla de indias tenía que ser constantemente renovada por otras de reemplazo, ya sea capturadas en entradas arma en mano, ya recibidas de manos de caciques más atemorizados que amistosos, por las muchas que iban muriendo en el camino, al seguir los españoles uncidas unas a otras en colleras, tras el agotamiento de sus prestaciones sexuales nocturnas y sus servicios domésticos diurnos?» (SANCHEZ FERLOSIO 1988c: 40 f.)

Auch wenn der Autor hier, wie er selbst einräumt, einen Extremfall des sexistischen und rassistischen Ausbeutungsverhältnisses schildert (vgl. SANCHEZ FERLOSIO 1988c: 41), ist seine scharfe Polemik gegen die idyllisierende Darstellung des *mestizaje* während Conquista und Kolonialzeit mehr als gerechtfertigt.

2.4. Fazit

Wie die Analyse der historischen Kontroverse zeigt, sind die Positionen der Feierbefürworter und der Feiergegner weit voneinander entfernt und beruhen auf grundverschiedenen Geschichtsbildern. Da die Teilnehmer der Debatte ihre Geschichtsinterpretationen meist mehr an gegenwartspolitischen Zielsetzungen als an historischen Fakten orientieren, kommt es im Verlaufe der Kontroverse auch nur in seltenen Fällen zu einer Annäherung auf einer sachlichen Diskussionsebene.

Wie die Analyse darüberhinaus zeigt, sind die dargestellten Interpretationen der ‹Entdeckung› Amerikas nicht neu: sie lassen sich teilweise bereits auf die Zeitgenossen der Ereignisse zurückführen und wurde über die Jahrhunderte hinweg, während derer die Kontroverse fortbestand, weiterentwickelt, und zwar in Spanien ebenso wie Europa und Amerika. Daß es sich bei der Bewertung der Ereignisse von 1492 nicht um ein iberisches, sondern um ein europäisches Problem handelt, wird in der Analyse insbesondere bei der Polemik um die *leyenda negra* und der damit zusammenhängenden Debatte um den vergleichsweise ‹humanen› Charakter des spanischen Kolonialismus evident. Ist hier dem Diktum Fernández Retamars

«Wenn etas die spanische Conquista [von den Eroberungskriegen der anderen europäischen Kolonialmächte] unterscheidet, dann ist es nicht das Ausmaß der Verbrechen [...], sondern das Ausmaß der Skrupel» (FERNANDEZ RETAMAR 1988: 145)

noch zuzustimmen, so ist Ventós These vom Überwiegen spiritueller über materielle Ziele im spanischen Kolonisationsmodell schon problematischer; und vollends von den historischen Fakten verabschiedet sich die These, das amerikanische *mestizaje* sei der Beweis für die Abwesenheit rassistischer Prädispositionen bei den spanischen Eroberern. Die Diskussion über das *mestizaje* krankt überdies insgesamt daran, daß die Lebensrealität der indianischen Frauen vor und während der Conquista und Kolonialzeit noch ungenügend erforscht ist bzw. die Diskussionsteilnehmer die wenigen vorhandenen Forschungsergebnisse nicht zur Kenntnis nehmen.

Es stellt sich jedoch die Frage, ob die Ausführlichkeit, mit der die *leyenda negra* im Zusammenhang mit dem *Quinto Centenario* diskutiert wird, gerechtfertigt ist: Ist dieses Negativbild Spaniens in Europa und Lateinamerika tatsächlich noch so wirkungsmächtig, wie von vielen Teilnehmern der Debatte behauptet, oder handelt es sich, wie Dieterich kritisiert (s. Kap. 2.3.2.), um eine bewußte Kanalisierung der Debatte auf Nebenkriegsschauplätze? Angesichts der relativ geringen Beachtung, die der Frage nach den Ursachen der aktuellen sozialen, politischen und ökonomischen Probleme Lateinamerikas in der Kontroverse zuteil wird, läßt sich eher letzteres vermuten.

3. Exkurs: Die Position der indigenen Organisationen Amerikas

In den Debatten diesseits und jenseits des Atlantiks über die Bedeutung der ‹Entdeckung› von 1492 spielten die Leidtragenden dieses Ereignisses, die indianischen Völker Amerikas, nur eine marginale Rolle (vgl. BERNECKER 1991: 39). Ihre Haltung zum *Quinto Centenario* war dafür um so klarer: Die indigenen Organisationen verurteilten in zahlreichen Resolutionen den Festcharakter der Fünfhundertjahrfeier und verweigerten die Teilnahme an den offiziellen Gedenkveranstaltungen. Diese Verweigerung – «jahrhundertelang eines der Mittel (oft das einzige), Widerstand gegen die Weißen zu leisten» (BERNECKER o. J.: 336) – schloß jedoch für viele indigene Organisationen die Möglichkeit nicht aus, das Jubiläumsjahr zu nutzen, um die Weltöffentlichkeit für die Probleme der indigenen Völker zu sensibilisieren.

In Peru verabschiedete 1987 die fünfte Konferenz des Weltrates Indianischer Völker, zu der Vertreter von mehr als 600 amerikanischen Indio-Organisationen gekommen waren, eine Resolution, die als Ziel der indianischen Aktivitäten im Zusammenhang mit dem *Quinto Centenario* nannte: «[...] dejar al descubierto los efectos destructivos – y autodestrucivos – que puso en marcha el pretendido descubrimiento» (zitiert nach SELSER 1992: 190 f.).

Am 11. Oktober 1992 gedachten die *indígenas* des ‹letzten Tages der Unabhängigkeit der Völker Amerikas›; den 12. Oktober erklärten sie zum *Día de la Dignidad India*. Eine Reihe von Aktivitäten zielte auf die Abschaffung von Gesetzen in verschiedenen Ländern, in denen der

12. Oktober als *Día de la Raza* oder unter anderen eurozentrischen Bezeichnungen wie *Día del Descubrimiento* oder *Día de Colón* (*Columbus Day*) zum Feiertag erklärt wird.

Auch eine Umfrage, die die UNESCO 1989 als Auftakt zu ihrem Projekt AMERINDIA '92 in Auftrag gegeben hatte, nutzten die Befragten als Gelegenheit, ihrer Ablehnung der Gedenkfeierlichkeiten öffentlichen Ausdruck zu verleihen. So fragte die peruanische Bewegung *Tuitsam*: «Se puede festejar o celebrar el inicio y la continuación de los genocidios, colonización, explotación [...]?» (zitiert nach CRISTOBAL 1989: 101).

Der *National Indian Council* der USA bezeichnete die Feier als makaber, da die Weißen «sich selbst als Mörder charakterisieren, die ihr Verbrechen feiern» (zitiert nach BERNECKER 1991: 39); und die *Alianza Internacional Inca* (*AINI*) rief zur *Celebración de los Quinientos Años de la Resistencia Anti-Colonial* auf, in deren Mittelpunkt die Forderung nach selbstbestimmten Lebensformen stehen sollte: «No somos descendientes ni protegidos del diablo, sino Naciones con cultura, civilización, organización, religión y orientación propia» (zitiert nach CRISTOBAL 1989: 101).

Innerhalb der indigenen Widerstandsbewegung gegen den *Quinto Centenario* existierten jedoch auch wesentliche ideologische Differenzen, die nach Bernecker zumindest zwei unterschiedliche Tendenzen erkennen ließen: Eine mehr ‹indianistisch› orientierte, die darauf bestand, daß die indigenen Völker historisch und moralisch am stärksten vom (Neo-)Kolonialismus betroffen seien; und eine am Begriff der ‹Volksbewegung› orientierte, die den indigenen Widerstand als Teil einer multikulturellen und multiethnischen Widerstandsbewegung (unter Beteiligung der Schwarzen, der Mestizen und der pauperisierten Weißen) begriff, deren einigendes Interesse der Kampf um Land

Exkurs: Die Position der indigenen Organisationen Amerikas   111

sei (vgl. BERNECKER o. J.: 339). Auf dem *Ersten lateinamerikanischen Treffen der Volks- und Indígena- Organisationen* 1989 in Bogotá stießen diese beiden Positionen aufeinander, so daß erst nach schwierigen Kompromißverhandlungen eine einheitliche Resolution verabschiedet werden konnte[18], in der es hieß:

> «Die Invasion hat nicht aufgehört, sie reicht bis in unsere Tage [...]. Während 500 Jahren haben uns die dominanten Klassen durch Gewalt und Täuschung ihre Werte und Auffassungen aufzuzwingen versucht, um die Fortdauer dieses unseren Völkern auferzwungenen Systems der Unterwerfung zu sichern. [...] Wir werden nicht feiern, wir werden vielmehr unsere Kämpfe verstärken, um diesen 500 Jahren der Unterdrückung Diskriminierung ein Ende zu setzen und einer neuen, demokratischen Gesellschaft den Weg freizumachen, die solidarisch und respektvoll gegenüber der kulturellen Vielfalt ist und auf den Interessen und Bedürfnissen unseres Volkes beruht. Wir werden unsere Kämpfe verdoppeln, um unsere Erde, unsere Territorien und natürlichen Bodenschätze, unsere kulturellen und wissenschaftlichen Ausdrucksformen, unser Recht, mit der Natur in Harmonie zu leben, kurz, unsere Identität als Nationen mit ethnischer und kultureller Vielfalt zurückzugewinnen.» (zitiert nach BERNECKER 1991: 40)

Ein Jahr später wurde in der *Erklärung von Quito* noch deutlicher formuliert:

> «Wir stellen die Rechtsordnung der Nationen in Frage, weil sie das Ergebnis kolonialer und neokolonialer Entwicklungen sind. Wir streben nach einer neuen Gesellschaftsordnung, in der Platz für die traditionsgemäße Ausübung unseres Gewohnheitsrechts ist. Wir

fordern unsere Anerkennung als Völker im Rahmen des Internationalen Völkerrechts und daß dies in den Gesetzen der Nationalstaaten verankert wird.» (zitiert nach BERNECKER 1991: 40)

Ob diese Forderungen wörtlich gemeint sind, ist umstritten. Während beispielsweise Molina Martínez und Dieterich die Forderung nach konstitutioneller Anerkennung multiethnischer und multikultureller Staaten als konkretisierbares Ziel verstehen (vgl. MOLINA MARTINEZ 1991: 133; DIETERICH 1991: 191), widerspricht Bernecker dieser Auffassung. Er interpretiert diese Forderung als politisch-taktische Rhetorik:

«Natürlich wissen die indigenen Organisationen auch, daß ein Teil ihrer Forderungen – gerade die weitestreichenden – keine Aussicht auf Erfolg hat. Wenn sie eine Beendigung des ‹Kolonialismus› fordern und damit den ‹internen› Kolonialismus der Nationalregierungen meinen, so steht dem das gültige Völkerrecht entgegen, das Entkolonisierung Völkern nur zubilligt, die außerhalb der Staatsgrenzen ihrer Kolonisatoren leben. Und wenn sie für sich den Status von Nationen mit Selbstbestimmungsrecht reklamieren, so steht dem in den USA ihr Mündel-Status in treuhänderischer Abhängigkeit von der Washingtoner Regierung und in allen anderen Ländern der Souveränitätsanspruch der Nationalstaaten entgegen.» (BERNECKER 1991: 40)

Diese Argumentation vermag jedoch m. E. nicht recht zu überzeugen, da sie sich auf rein formalistische Kriterien stützt und nicht berücksichtigt, daß auch juristische Normen dem gesellschaftlichen Wandel unterworfen und damit veränderbar sind.

Die Frage nach der Ursache für die Marginalisierung der indianischen Völker in Amerika wird von den indigenen Organisationen unterschiedlich beantwortet. Einige Indígena-Organisationen machen in erster Linie Spanien für die Folgen der Eroberung verantwortlich und klagen dafür häufig eine ‹Entschuldigung› ein (vgl. REHRMANN 1991: 964). Andere stellen eher die gesamteuropäische Verantwortung und die der mestizischen Eliten der lateinamerikanischen Nationalstaaten in den Vordergrund. So war die mexikanische Regierung der Hauptadressat der Aktivitäten des 1990 in Mexiko von indigenen Gruppen gegründeten *Comité 500 años*; der Sprecher des Komitees, Jenaro Bautista, betonte, daß die spanische Regierung nur insofern kritisiert werde, als sie sich zur Komplizin der mexikanischen Politik der Unterdrückung der Indianer mache (vgl. *El País* 21.10.1990: 23). Bautista führte weiter aus:

> «Si España tiene intención de recordar el hecho histórico, este es el momento de que el Gobierno español les conceda el lugar que les corresponde a los descendientes de los grupos originarios de América: el respeto de su forma de vida, de su lengua y de su cultura, su derecho territorial y el derecho a sus propias leyes.» (zitiert nach *El País* 21.10.1990: 23)

Spanien könne zwar über diese Fragen keine Entscheidungen treffen, wohl aber die lateinamerikanischen Regierungen im Sinne einer Politik zugunsten der indianischen Interessen beeinflussen, insbesondere über die Vergabe und Kontrolle der finanziellen Mittel im Zusammenhang mit dem *Quinto Centenario* (vgl. *El País* 21.10.1990: 23).

Die Position der indigenen Organisationen wurden in Spanien kaum rezipiert. In *El País* wurde sie gelegentlich im Zusammenhang mit Berichten über indianische Protestaktionen in Spanien zitiert (beispielsweise in *El País* 11.8.1990; 17.9.1991); in wissenschaftlichen Publikationen wurden die Thesen und Forderungen der Indianer kaum zur Kenntnis genommen. Eine Ausnahme macht allerdings Miguel Molina Martínez, der in seinem Buch *La leyenda negra* der Präsentation und Diskussion der indigenen Position immerhin mehrere Seiten widmet (vgl. MOLINA MARTINEZ 1991: 129–141). Der Autor zeigt einerseits Verständnis für den Versuch der Indígenas, den *Quinto Centenario* als Plattform zu nutzen, um auf ihre dramatische Situation und die fortgesetzte Verletzung der Menschenrechte aufmerksam zu machen. Andererseits kritisiert er die indianische Haltung zum *Quinto Centenario* als zu radikal und emotional, was einen produktiven Dialog zur Lösung der anstehenden Probleme verhindere (vgl. MOLINA MARTINEZ 1991: 130; 132).

Selbst unter den Feiergegnern war das Echo auf die indigenen Forderungen relativ gering. In einem Text des spanischen Feierkritikers Reyes Mate sowie in einem Beitrag Gregorio Selsers ist zwar von historischer Verantwortung Spaniens für die aktuellen Probleme Lateinamerikas die Rede (vgl. MATE 1992: 12; SELSER 1992: 201), und Juan Goytisolo spricht von der Notwendigkeit der Erinnerung und symbolischer Wiedergutmachung (vgl. GOYTISOLO 1988: 12), während Vázquez Montalbán und Roa Bastos auf die Rolle der postspanischen Ausbeutung Lateinamerikas und auf die Verantwortung der mestizischen Eliten beim Völkermord an den Indianern verweisen (vgl. VAZQUEZ MONTALBAN 1986: 9; ROA BASTOS 1991: 18). Doch insgesamt fehlt auch bei den Feiergegnern eine differenzierte Auseinandersetzung mit den indianischen Forderungen.

Umso erstaunlicher ist es, daß die Indianer ihren Standpunkt immerhin so wirkungsvoll ins Bewußtsein der Organisatoren des *Quinto Centenario* brachten, daß diese sich genötigt sahen, 1989 in der *VII Conferencia Iberoamericana de Comisiones Nacionales del V Centenario*, die in Guatemala stattfand, ein zehn Punkte umfassendes Dokument zur indigenen Problematik zu verabschieden. Wenn an diesem Dokument auch kein einziger Indígena-Vertreter mitgewirkt hatte (!), so verdienen die wesentlichen Empfehlungen der Konferenz zur Verbesserung der Lage der Indianer doch Beachtung: die Verankerung der indigenen Rechte und ihrer Durchsetzung in den jeweiligen nationalen Verfassungen; die Respektierung ihrer angestammten Lebensräume sowie die Entwicklung einer die indigenen Werte respektierenden Erziehungspolitik. Donald Rojas, Präsident des Weltrates Indianischer Völker, der an der Konferenz in Guatemala nur als Beobachter teilgenommen hatte, wertete die Konferenz daher als positiv (vgl. MOLINA MARTINEZ 1991: 131).

Dieterich dagegen merkt zu offiziellen Verlautbarungen wie dem auf der Konferenz beschlossenen Zehn-Punkte-Katalog kritisch an:

«Wie seit 500 Jahren werden die Probleme der lateinamerikanischen Massen nach der Maxime der alten Kolonialbürokratie: ‹se acata, pero no se cumple› [...] auf dem Papier gelöst.» (DIETERICH 1991: 191)

Ob Konferenzen und Beschlüsse wie die obengenannten langfristig eine tatsächliche Verbesserung der indianischen Lebensbedingungen bewirken oder ob eher die Einschätzung Dieterichs zutrifft, wird die Zukunft zeigen.

4. Die Bewertung des spanischen Kulturerbes: Bilder des gegenwärtigen Lateinamerika

Entsprechend den bisher vorgestellten Geschichtsbildern lassen sich in der spanischen Debatte um die Fünfhundertjahrfeier sehr verschiedene Bilder des heutigen Lateinamerika ausmachen.

Auf einer oberflächlichen Ebene manifestieren sich diese Bilder bereits in der Kontroverse darüber, mit welchem Namen der Subkontinent korrekt zu bezeichnen sei: als *Latinoamérica / América Latina*, *Hispanoamérica* oder *Iberoamérica*.

Verläßt man diese oberflächliche Ebene und analysiert den jeweiligen Blick auf Lateinamerika etwas genauer, so zeichnen sich drei Perspektiven ab, aus denen das spanische Kulturerbe in Lateinamerika jeweils unterschiedlich bewertet wird: die Perspektiven der Hispanität, des *mestizaje* und der kulturellen Heterogenität. Das *hispanidad*-Konzept setzt das spanische Kulturerbe gewissermaßen absolut; mit dem spanischen konkurrierende Einflüsse werden dabei entweder ignoriert oder als ‹unauthentisch› diffamiert. Im *mestizaje*-Konzept dagegen erscheint Lateinamerika als ein Amalgam aus verschiedenen Kulturen unter dem Primat der europäisch-westlichen Kultur. Während die beiden vorgenannten Konzepte lateinamerikanischer Identität von den Feierbefürwortern vertreten werden, sehen die Feiergegner in der kulturellen Heterogenität Lateinamerikas den Schlüssel zum Verständnis seiner Identität. Ihnen geht es um das Neben- und Miteinander verschiedenster Kulturen auf dem Subkontinent, das sie nicht als Defizit, sondern als (wenn auch konfliktreiche) Chance begreifen.

Es fällt auf, daß sich auf seiten der Feiergegner fast nur lateinamerikanische Stimmen zu Thema des gegenwärtigen Lateinamerika zu

Wort melden. Das Lateinamerikabild der spanischen Feierkritiker hingegen bleibt mehr als blaß, da diese sich fast ausschließlich mit der Dekonstruktion historischer Mythen beschäftigen. Wenn hin und wieder doch vom heutigen Lateinamerika die Rede ist, so eher als Stichwort für Überlegungen zur aktuellen Situation Spaniens. So wird beispielsweise das Verhältnis der lateinamerikanischen Nationalregierungen zu den indianischen Kulturen in Bezug gesetzt zum Verhältnis der spanischen Regierung zur baskischen und katalanischen Kultur. Hier interessiert offensichtlich eher die Kritik an der innerspanischen Dimension des *hispanidad*-Konzeptes.

4.1. Latinoamérica, Hispanoamérica, Iberoamérica?

Der ‹Entdecker› des neuen Kontinents, Kolumbus, war 1506 noch in dem Glauben gestorben, mit seinen Expeditionen nach Indien gelangt zu sein. Erst später gab der badische Kartenzeichner Martin Waldseemüller dem Kontinent den Namen Amerika – nach dem von ihm bewunderten Seefahrer Amerigo Vespucci. Heute wird der Name Amerika, vor allem im angelsächsischen Kulturkreis, hauptsächlich zur Bezeichnung der Vereinigten Staaten von Amerika (USA) gebraucht. Für die Gesamtheit der Länder südlich des Rio Grande existieren dagegen diverse Bezeichnungen mit jeweils unterschiedlichen ideologischen Konnotationen. Die Frage nach der ‹korrekten› Bezeichnung des Subkontinents wird schon seit dem 19. Jahrhundert kontrovers diskutiert; die Vierhundert- wie die Fünfhundertjahrfeier haben diese Polemik wiederbelebt[19]. Die Kontroverse ist hier insofern interessant, als sich in ihr die verschiedenen Positionen zur Bewertung des spanischen Kulturerbes in Lateinamerika schon andeuten, die in den nächsten Kapiteln referiert werden.

Es ist das Verdienst des chilenischen Philosophen und Literaturwissenschaftlers Miguel Rojas Mix, in seinem Buch *Los cien nombres de América* (1991) kurz vor dem Jubiläumsjahr die historischen Ursprünge der verschiedenen Benennungen Lateinamerikas wissenschaftlich aufgearbeitet und damit zu einer Versachlichung der Debatte beigetragen zu haben.

In bezug auf *Latinoamérica* weist Rojas Mix nach, daß dieser Begriff nicht – wie oft von den spanischen Gegnern dieses Begriffs behauptet – von einem Franzosen geprägt wurde, sondern im Jahre 1856 von dem Chilenen Francisco Bilbao. Dieser veröffentlichte damals – noch unter dem schockartigen Eindruck der Annexion eines beträchtlichen Teils des mexikanischen Staatsgebietes durch die USA – verschiedene Arbeiten, in denen er die Notwendigkeit eines lateinamerikanischen Zusammenschlusses im Widerstand gegen die USA vertrat. Der Neologismus Bilbaos wurde jedoch in der Folgezeit, im Kontext der imperialistischen Politik Napoleons III. und der französischen Intervention in Mexiko, in Frankreich aufgegriffen und zur Betonung des französischen Kultureinflusses in Lateinamerika benutzt (vgl. ROJAS MIX 1991: 344-367). Aber auch in Lateinamerika fand der neue Begriff zahlreiche Anhänger, denn in der Anfangsphase der Unabhängigkeit gründete die kreolische Oberschicht die Formulierung eines amerikanischen bzw. nationalen Selbstverständnisses zunächst auf die kategorische Abgrenzung von der einstigen Metropole. England und die USA waren den jungen lateinamerikanischen Staaten «Richtmaß für politische Stabilität und materiellen Fortschritt; Frankreich hingegen gebührte das Primat der geistigen Kultur, des ästhetischen Raffinements und des *savoir vivre*» (GEWECKE 1983: 46).

Die Bezeichnung *América Latina* bzw. *Latinoamérica* hat sich auf dem Subkontinent heute als die gebräuchlichste durchgesetzt. In Spanien wird sie dagegen nur von progressiveren Sektoren der Gesellschaft benutzt, die zumindest ansatzweise bereit sind, die Perspektive der Lateinamerikaner selbst zu berücksichtigen. So argumentiert beispielsweise der spanische Politologe Ignacio Sotelo in bezug auf die in Spanien ungeliebte Bezeichnung:

> «Se comprenden los recelos que pesan sobre un concepto [...] que no oculta las ambiciones imperiales del tercer Napoleón, pero una vez que [...] lo han aceptado los pueblos de América, no hay motivo para seguir discriminandolo: que cada cual se llame como quiera.» (SOTELO 1991: 5)

Die Denomination *Hispanoamérica* – im 19. Jahrhundert die dominierende – hat eine wechselvolle Geschichte. Sie wird von Simon Bolívar im Kontext seines Bemühens um eine Einigung der jungen lateinamerikanischen Republiken geprägt und ist damals – paradoxerweise – stark antihispanisch konnotiert. 1898, während des Kubakrieges, erhält der Begriff *Hispanoamérica* durch Ramiro de Maeztu eine neue Bedeutung, die seiner ursprünglichen diametral entgegengesetzt ist: Im Kontext des reaktionären *hispanidad*-Konzeptes Maeztus steht die Bezeichnung nun für den kulturellen Hegemonieanspruch Spaniens in den verlorengegangenen Kolonien. Im Zusammenhang mit der *hispanidad*-Ideologie ist auch die Gründung der *Institutos de Cultura Hispánica* zu sehen, die später zu den reaktionärsten Sektoren des Franquismus zählen (vgl. ROJAS MIX 1991: 63–85; 167–193). Noch heute ist *Hispanoamérica* der von konservativen Panhispanisten bevorzugte Begriff und bezeichnet eben jene obenerwähnten Hegemonieansprüche, auch wenn zu den Thesen Maeztus zumindest verbal auf Distanz gegangen wird (vgl. REHRMANN 1989: 124).

Ein Beispiel für eine solche konservativ-panhispanistische Haltung liefert das politische Magazin *Cambio 16*, das in einem 1988 erschienenen Artikel fragt: «Por qué se ha ido perdiendo el uso de un nombre que reconoce la profunda influencia de España en América?» (SAMPER PIZANO 1988: 209). Die Zeitschrift widmet dem ‹verlorenen Kampf› um die Bezeichnung des Subkontinents einen mehrseitigen Artikel, in dem die Bezeichnung *Hispanoamérica* als «un nombre en trance de agonía que debe ser resucitado a propósito del Quinto Centenario del Descubrimiento» (SAMPER PIZANO 1988: 209) propagiert wird.

Gegenwärtig wird die Bezeichnung *Hispanoamérica* jedoch noch in einem anderen, weitgehend ideologiefreien Sinn gebraucht, nämlich als Synonym für die Gesamtheit aller lateinamerikanischen Länder, deren offizielle Sprache das Kastilische ist (vgl. DRAGO 1991: 12).

Auch der Name *Iberoamérica* geht auf die Zeit des Kubakrieges zurück und steht für die spanische Ambition, die politisch verlorene Einheit nun wenigstens in der kulturellen Verbindung zu den Ex-Kolonien zu erhalten; daher wird die Bezeichnung *Iberoamérica* ab 1904 auch gewissermaßen zum Kampfbegriff gegen das – französische Kultureinflüsse betonende – *Latinoamérica* (vgl. ROJAS MIX 1991: 197 f.). Heute hat der Begriff *Iberoamérica* zwei unterschiedliche Bedeutungen: Einerseits wird er von den Verfechtern eines spanischen kulturellen Hegemonieanspruches als Synonym für die Gesamtheit der lateinamerikanischen Länder benutzt; andererseits dient sie den Vertretern des Projektes einer *Comunidad Iberoaméricana* als Synonym für eine Staatengemeinschaft, die aus den lateinamerikanischen

Staaten plus Spanien und Portugal bestehen soll (vgl. DRAGO 1991: 12).

Wohl nicht zu Unrecht äußert der Argentinier Tito Drago in einem Artikel für *El País* den Verdacht, daß die spanische Regierung den Begriff *Iberoamérica* mit Absicht einmal in der einen, dann wieder in der anderen Bedeutung gebrauche, um sich ideologisch nicht festzulegen und dadurch nicht potentielle Wählerstimmen zu verlieren. Drago fordert daher eine konsequente Ersetzung der Bezeichnung *Iberoamérica* durch *Latinoamérica* in allen Regierungsorganisationen und in allen offiziellen Verlautbarungen, die sich ausschließlich auf den Subkontinent beziehen, und die Reservierung des Begriffes *Iberoamérica* nur für jene, die auch Spanien – und zwar auf gleichberechtigter Ebene – mit einbeziehen. Die Fortsetzung des unscharfen Sprachgebrauchs, so Drago, sei Ausdruck von Überresten eines kolonialistischen Bewußtseins, das des demokratischen Spaniens unwürdig sei (vgl. DRAGO 1991: 12).

Exemplarisch für die bewußte Vermischung beider Bedeutungen aufgrund subtiler Hegemonieansprüche ist die Position des spanischen Historikers Hernández Sánchez-Barba, der in einem Aufsatz über das ‹Hispanoamerika›-Bild König Juan Carlos' I. gegen den Begriff *Latinoamérica* polemisiert:

«Debe resaltarse la conveniencia de usar un solo término para la designación del complejo cultural americano de origen español. El verdaderamente adecuado es Hispanoamérica o, en su caso, si se desea globalizar al Brasil y Portugal, ‹Iberoamérica›. Nunca ‹Latinoamérica› que carece de significado.» (HERNANDEZ SANCHEZ-BARBA 1981: 355)

Neben den hier vorgestellten existieren noch andere Bezeichnungen wie *Nuestra América* (vor allem in Lateinamerika als Emphase des Widerstandes gegen die imperialistischen Ambitionen der USA gebraucht) oder das von Víctor Raúl Haya de la Torre, dem Initiator der Aprista-Bewegung, vorgeschlagene *Indoamérica;* doch haben diese weder in Lateinamerika noch in Spanien eine weitere Verbreitung gefunden.

4.2. Das Problem der lateinamerikanischen Identität

4.2.1. Das Konzept der *hispanidad*

Welch eine große Rolle das Konzept der *hispanidad* im Zusammenhang mit dem *Quinto Centenario* spielt, geht allein schon aus der Tatsache hervor, daß der 12. Oktober (der Tag der Ankunft Kolumbus in der ‹Neuen Welt›), Spaniens Nationalfeiertag, die offizielle Bezeichnung *Día de la Hispanidad* trägt. Bei seiner Einführung im 19. Jahrhundert wurde der Nationalfeiertag am 12. Oktober noch als *Día de la Raza* bezeichnet und nicht nur in Spanien, sondern auch in den spanischen Kolonien festlich begangen. Die Bezeichnung *Día de la Raza* (die sich bis heute in einigen lateinamerikanischen Staaten gehalten hat) wurde in Spanien erst nach dem Übergang zur Demokratie abgeschafft. Mit dem Entschluß, den Feiertag in *Día de la Hispanidad* umzubenennen, entschieden sich die Regierungssozialisten für einen höchst fragwürdigen Begriff, auf dem seine Geschichte bleischwer lastet. Er geht auf die panhispanistische Ideologie zurück, deren konservative Variante Anfang des 20. Jahrhunderts in den Thesen Ramiro de Maeztus gipfelte. Maeztu sah in der *hispanidad* das ‹spanische Wesen›, worunter er bestimmte, durch historische Erfahrungen erworbene geistige Charakteristika verstand, die sich im Katholizismus gewissermaßen synthetisierten. Den Katholizismus betrachtete Maeztu als *das* verbindende Element für die gesamte ‹hispanische Rasse› sowohl in Spanien als auch in den ehemaligen spanischen Kolonien. Das *hispanidad*-Konzept Maeztus stellte darüberhinaus eine Kampfansage an Naturalismus, Materialismus und Liberalismus dar, die Maeztu als ‹ausländisch überfremdete›, die hispanische Kultur unterminierende Ideen galten (vgl. REHRMANN 1990a: 16 f.). 1939 avancierte Maeztus *hispanidad*-Ideologie zur offiziellen Doktrin des Franquismus.

Distanzierten sich die spanischen Sozialisten auch mit der Umbenennung des Nationalfeiertages von den faschistischen Konnotationen des *hispanidad*-Begriffes, so weist doch das politische Projekt einer *Comunidad Iberoamericana*, das im Zusammenhang mit dem *Quinto Centenario* propagiert wurde und auf das ich noch genauer eingehen werde (s. Kap. 5.1.), insofern panhispanistisches Gedankengut auf, als es von seinen Verfechtern immer wieder mit der angeblichen ‹kulturellen Gemeinschaft› zwischen der ehemaligen *Madre Patria* und den Ex-Kolonien begründet wird.

Im Zusammenhang mit der Propagierung der *Comunidad Iberoamericana* wurden Luis Yañez Barnuevo und der spanische Monarch nicht müde, auf kulturelle, historische und linguistische Gemeinsamkeiten hinzuweisen (vgl. YAÑEZ BARNUEVO 1988: 18; 1990: 51). So äußerte sich Juan Carlos I. zu diesem Thema beispielsweise wie folgt:

«Tenemos mucho en común: la lengua, la cultura, la historia, la sangre, la arquitectura de las ciudades y el estilo de vida, que nos aúnan, al mismo tiempo que nos permiten mantener la propia identidad.» (zitiert nach HERNANDEZ SANCHEZ-BARBA 1981: 344)

Klingt im ersten Teil des Zitates der Anspruch eines spanischen Kulturmonopols deutlich durch, so signalisiert der Nachsatz «al mismo tiempo que nos permiten mantener la propia identidad» eine gewisse Sensibilität und Rücksichtnahme gegenüber dem lateinamerikanischen kulturellen Autonomieanspruch. Diese Dualität – Bestehen auf der Einheit unter gleichzeitigem Verweis auf die Pluralität – kennzeichnet den gesamten Diskurs der moderaten Panhispanismusverfechter, zu denen, wie Rehrmann bemerkt, neben Juan Carlos I. ein Großteil der spanischen *clase política* gehört, und zwar parteiübergreifend (vgl. REHRMANN 1989: 125).

Neben diesen moderaten Panhispanisten meldeten sich in der Debatte um den *Quinto Centenario* jedoch auch mehr oder weniger traditionalistisch gesonnene *hispanidad*-Epigonen zu Wort, deren kulturmonopolistische Ansprüche gegenüber Lateinamerika in keiner Weise gebrochen sind. Als exemplarisch für diese Position, die in der Realität der spanisch-lateinamerikanischen Kulturbeziehungen nur symbiotische Elemente zu erkennen vermag, kann diejenige Julián Marías' gelten. In bezug auf die Gemeinsamkeit der spanischen Sprache und Literatur, die er als Beweis dafür ansieht, daß es sich in ‹Hispanoamerika› nie um eine Kolonisierung, sondern vielmehr um eine profunde, höchst positiv zu bewertende Transkulturation gehandelt habe (vgl. MARIAS 1990: 19), versteigt Marías sich zu folgenden Behauptungen:

«Esto es extraordinario; esa comunidad lingüística, que no es sólo lingüística, que es de instalación vital, que es de usos, de formas de vida. Cuando estamos juntos españoles e hispanoamericanos hay que decir de dónde somos porque si no, no se sabe. Vds. pueden leer un libro escrito en español, si no es un libro folklórico, si no es una novela que habla de plantas o de pájaros de un lugar determinado, Vds. pueden leer 200 páginas sin saber de dónde es el autor; la lengua es la misma.» (MARIAS 1990: 21)

Die linguistischen Varianten des amerikanischen Spanisch gegenüber dem Kastilischen werden von Marías genauso wenig wahrgenommen wie Unterschiede in der Themenwahl und im Stil der lateinamerikanischen Literatur im Vergleich zur spanischen; ganz abgesehen davon, daß für ihn nur weiße Lateinamerikaner zu existieren scheinen. Tatsächlich gibt er seiner Überzeugung, daß die nicht hispanisierten Bewohner Lateinamerikas, die Indianer, nicht als vollwertige Menschen zu betrachten seien, auch wörtlichen Ausdruck:

> «Dirían Vds., bueno pero hay también en América algunos que no saben español. Sí, son los que no han llegado al siglo XX, son los que no son plenamente ciudadanos de esos países; son los que están rezagados en formas arcaicas, son la responsabilidad de los estados, porque en la época de los virreinatos y en la época de la independencia no han podido o no han querido insertarlos en el presente y darles su condición plenamente humana.» (MARIAS 1990: 21)

Man fühlt sich hier unwillkürlich an die Argumentation Sepúlvedas, des großen Kontrahenten Las Casas', erinnert, der im 16. Jahrhundert die Conquista mit der These von der natürlichen Superiorität der Spanier gegenüber den ‹barbarischen› Ureinwohnern Amerikas rechtfertigte, wobei er den Unterschied zwischen Spaniern und Indianern mit dem Unterschied zwischen Menschen und Affen verglich (vgl. SEPULVEDA [1646] 1951: 33).

Die Spannbreite zwischen der hier skizzierten überaus konservativen Panhispanismus-Variante und dem anfangs referierten, eher moderaten *hispanidad*-Konzept des spanischen Monarchen spricht für die These Briesemeisters, daß der Panhispanismus «bis in die Gegenwart eine schillernde ideologische Größe geblieben ist, deren programmatische Bestimmung je nach politischen Verhältnissen ausfällt» (BRIESEMEISTER 1986: 23).

Die im Zusammenhang mit den verschiedenen *hispanidad*-Konzepten spanischerseits erhobenen Absolutheitsansprüche in bezug auf die eigenen Kulturtraditionen wurden in den lateinamerikanischen Republiken von Anfang an nicht akzeptiert. Wird heute in Lateinamerika das spanische Kulturerbe zwar nicht mehr so kategorisch abgelehnt wie noch in der Zeit der Identitätssuche unmittelbar nach der Unabhängigkeit, so gründet sich die lateinamerikanische Identität doch im wesentlichen auf zwei Konzepte, die mit dem der *hispanidad* unvereinbar sind. Die Rede ist vom Konzept des *mestizaje* und – damit konkurrierend – vom Konzept der *kulturellen Heterogenität*.

4.2.2. Das Konzept des *mestizaje*

Die Position, die das *mestizaje* als Schlüsselbegriff lateinamerikanischer Identität propagiert – aktuell die hegemoniale innerhalb der lateinamerikanischen Identitätsdebatte – fließt in den Diskussionsbeiträgen lateinamerikanischer Autoren auch in die Kontroverse um den *Quinto Centenario* ein. Daß diese Ideologie, die das Wesen Lateinamerikas als Ergebnis der Vermischung von Rassen und Kulturen begreift (insbesondere der indianischen und der europäischen), mittlerweile zur offiziellen avanciert ist, wird am Beispiel Mexikos besonders augenfällig: Auf der *Plaza de las Tres Culturas* in Mexico City steht ein Gedenkstein, der an die Schlacht von 1521 zwischen dem letzten Aztekenherrscher Cuauhtémoc und dem spanischen Konquistador Hernán Cortés erinnert und Mexikos «in Stein gehauene politische

Philosophie und nationale Kurzformel» (BERNECKER 1992a: 746) als Inschrift trägt: «NO FUE TRIUNFO NI DERROTA. FUE EL DOLOROSO NACIMIENTO DEL PUEBLO MESTIZO QUE ES EL MEXICO DE HOY» (zitiert nach MATE 1992: 12).

Das *mestizaje*-Konzept entstand als Reaktion auf den Indigenismus, der in den 1920er und 1930er Jahren der Debatte um das authentische Wesen Lateinamerikas entscheidende Impulse gab. Galten die Indios bis dahin als kulturell und rassisch minderwertig (trotz vereinzelter Bewunderung einiger Aspekte der präkolumbinen Hochkulturen), so führten nun neue Forschungsergebnisse vor allem der Archäologie zu einer positiven Neubewertung des indigenen Kulturerbes, besonders in Mexiko und Peru. Sobald dadurch die präkolumbinen Kulturen vom Stigma der Minderwertigkeit befreit waren, wurde auch eine Neuinterpretation des historischen Zusammentreffens von altamerikanischer und europäischer Kultur notwendig; Transkulturation, Fusion und Synthese der Kulturen wurden zu Schlüsselbegriffen dieses neuen Diskurses, in dessen Kontext *lo mestizo* seine noch aus dem institutionellen Rassismus der Kolonialzeit herrührende negative Konnotation verlor. Einige lateinamerikanische Intellektuelle, die zwar mit den sozialrevolutionären Zielen der indigenistischen Bewegung sympathisierten, den indigenistischen Theorieansatz aber als rassistisch kritisierten (da dieser die Kategorie der Rasse zum Fundament seiner Gesellschaftsanalyse machte), sahen im Konzept des *mestizaje* eine Möglichkeit, die Defizite dieser Theorie zu überwinden (vgl. SILVA-SANTISTEBAN 1969: 45 f.). Paradoxerweise mündete dieser Versuch geradewegs in ebenso spekulative wie widersprüchliche Rassentheorien.

Als Vertreter dieser Theorierichtung, die Indigenismus und *mestizaje* zu verbinden suchte, sind u. a. Ricardo Rojas, José Bomfim, José Carlos Mariátegui und, als exponiertesten unter ihnen, José Vasconcelos zu nennen. Letzterer legte seine Rassentheorie detailliert in seinem Werk *La raza cósmica: misión de la raza iberoamericana* (1925) dar, dessen Grundthesen sich wie folgt umreißen lassen: Die menschlichen Rassen tendieren immer mehr zur Vermischung, bis schließlich ein neuer, universaler Menschentyp entsteht, der eine vollkommen neue und andersartige Zivilisation schaffen wird. Ein von rassischen Vorurteilen freies Amerika wird zum Schmelztiegel dieses neuen Menschentyps werden; im katholischen Spanien, der ehemaligen Kolonialmacht, sieht der Autor die Mutter dieser zukünftigen universalen Rasse.

Die Ideologie des *mestizaje* (die, wie oben dargestellt, ursprünglich im Umfeld des Indigenismus entstand) wurde jedoch auch vom ultrarechten Spektrum lateinamerikanischer Intellektueller aufgegriffen und von diesen als Waffe zur Verteidigung der mestizisch-kreolischen Privilegien gegen den linksorientierten Indigenismus verwendet, der an gesellschaftlicher Bedeutung zuzunehmen begann. Diese Strömung sah im *mestizaje* die rettende Formel für eine einheitliche nationale Identität und verurteilte den Indigenismus als bolschewistischen Versuch, bestehende rassische Vorurteile für ihre Ziele auszunutzen (vgl. SILVA-SANTISTEBAN 1969: 46).

Im Zusammenhang mit der Kontroverse um den *Quinto Centenario* erlebte die *mestizaje*-Ideologie als Mittel zur Ablehnung der indigenistischen Forderungen einen Boom, wie Erwin Frank am Beispiel der ekuadorianischen Debatte über die Fünfhundertjahrfeier zeigt (vgl. FRANK 1991: 49–56). Franks Ideologiekritik an der ekuadorianischen Diskussion über das Thema des amerikanischen *mestizaje* läßt sich m. E. auch auf die Diskussion in den spanischen Printmedien übertragen, so beispielsweise auf den Beitrag des peruanischen Schriftstellers und Politikers Mario Vargas Llosa, der die Vermischung von Rassen und Kulturen in Amerika unter dem Primat westlicheuropäischer Werte äußerst positiv beurteilt und zum Hauptargument seiner Befürwortung der Fünfhundertjahrfeier macht. Ich werde daher im folgenden den Thesen Vargas Llosas zum *mestizaje* die kritischen Anmerkungen Franks gegenüberstellen.

Vargas Llosa bekennt sich in seinem Beitrag in *El País* ausdrücklich zu einer mestizischen Identität, die er in seinem persönlichen Fall als Mischung aus spanischen, französischen und indianischen Elementen beschreibt. Nahezu alle Lateinamerikaner, so lautet seine Kernthese, seien ihrer Ahnengeschichte nach Mestizen:

> «El mestizaje [...] ha venido occuriendo de una manera sistemática hasta el extremo que no hay familia europea avecindada en América Latina que, luego de dos o tres generaciones, no se haya indianizado un poco. Y, viceversa, para encontrar ‹indios puros› [...] hay que buscarlos como aguja en un pajar, en las más remotas anfractuosidades de los Andes o de las selvas centro y suramericanas. Existen, pero son una muy pequeña minoría.» (VARGAS LLOSA 1991: 11)

Die These, daß infolge der jahrhundertelangen Rassenvermischung im heutigen Lateinamerika so gut wie keine indigenen Ethnien mehr existierten, steht in eklatantem Widerspruch zu den Forschungsergebnissen der Ethnologie, die allerdings nicht auf biologischen, sondern auf kulturellen Kriterien basieren. Obwohl Zahlenangaben zur indianischen Bevölkerung stets nur Annäherungswerte sein können, da nicht genügend verläßliches Datenmaterial vorhanden ist und objektive Kriterien der Gruppenzuordnung nicht ausreichend definiert sind (vgl. GEWECKE 1988: 142) – es handelt sich hier vor allem um die Frage, ob das linguistische Element ein hinreichendes Kriterium der Gruppenzuordnung darstellt oder ob noch andere Kulturelemente berücksichtigt werden müssen –, so ist der Anteil der Indianer an der lateinamerikanischen Gesamtbevölkerung doch alles andere als irrelevant: Schätzungen gehen von ca. 30 bis 35 Millionen Indianern in Mexiko, Mittel- und Südamerika aus (vgl. GEWECKE 1988: 142).

Vargas Llosas These mutet aus der Feder eines Peruaners besonders befremdlich an, liegt doch im heutigen Peru der Anteil der indigenen Bevölkerung bei 54,3 Prozent (vgl. INTERNATIONALES HANDBUCH – LÄNDER AKTUELL Nr. 41 1993: (Peru) 1). Man ist versucht, anzunehmen, daß Vargas Llosa selbst an der Glaubwürdigkeit seiner These zweifelt, macht er doch im gleichen Text einen weiteren Versuch, die Existenz indigener Kulturen im modernen Lateinamerika in Zweifel zu ziehen.

Der Autor versucht sein erstes Argument, in dem er sich auf biologische Kriterien berief, nun unter Zuhilfenahme kultureller Kriterien zu stützen. Für seine These, daß man in Lateinamerika nur noch von einer mestizischen und nicht mehr von einer spanischen oder indianischen Kultur sprechen könne, führt er zwei interessante Beispiele an, eines aus dem Bereich der Soziolinguistik und eines aus dem Bereich der Anthropologie: Zum einen sei die relativ direkte Art der verbalen Kommunikation, wie sie für die spanische Kultur typisch sei, in Peru durch den Einfluß ritualistischer und indirekter verbaler Kommunikationsformen modifiziert worden; zum anderen sei die *comunidad indígena* – die allgemein als prähispanische Institution par excellence angesehen wird – ein typisch mestizisches Kulturprodukt[20]. Der spanische Einfluß auf die indigenen Kulturformen sei ebenso in der Musik, den Tänzen, Festen, Sitten, der Religion und sogar in der Sprache der Indios zu beobachten (vgl. VARGAS LLOSA 1991: 11 f.).

Die Richtigkeit dieser für sich genommen beachtenswerten Thesen soll hier nicht diskutiert werden. Wichtiger erscheint in diesem Zusammenhang Vargas Llosas Kernthese, eine indigene Kultur sei als solche nicht mehr auszumachen.

Erwin Frank interpretiert sowohl das biologische als auch das kulturelle Argument für die angebliche Totalität des *mestizaje* als Versuch, «die unbestreitbare Präsenz und Permanenz der Indianer [...] aus der Welt zu reden» (FRANK 1991: 54). Er kritisiert diese Argumentation als ideologische Rechtfertigung der mestizisch-weißen Eliten für ihre Ablehnung der indianischen Forderungen insbesondere nach einer Landreform:

> «Sie versuchen alle, das ‹Indioproblem› [...] ein für alle Mal per rhetorischem Handstreich zu lösen. [...] wenn die, die solche Rechte [auf Rückgabe des ihnen nach völkerrechtlichen Prinzipien zustehenden Grund und Bodens] heute fordern, in Wahrheit gar keine ‹echten› Indios mehr sind, dann kann man ihre (moralischen, legalen oder politischen) Forderungen an Staat und Gesellschaft auch beruhigt ignorieren. Bliebe schließlich nur noch die Frage, wer denn dann jene Personen sein könnten, welche – im Namen ihres ‹inexistenten Indianertums› – solche Rechte auch weiterhin einzuklagen versuchen?» (FRANK 1991: 54 f.)

Die Antwort auf die provokante Frage Erwin Franks liegt für Mario Vargas Llosa auf der Hand: Für ihn handelt es sich bei dem indigenen Widerstand gegen die Fünfhundertjahrfeier um eine zutiefst rassistische Bewegung, die unter Berufung auf die überholten indigenistischen Theorien der 1920er und 1930er Jahre inakzeptable antihistorische Positionen vertritt (vgl. VARGAS LLOSA 1991: 12).

Gegenüber den Forderungen der Indianer nach einem selbstbestimmten Entwicklungsmodell, das ihren spezifischen Kulturtraditionen entspricht, ist Vargas Llosa ein bekannter Verfechter der von konservativer und neoliberaler Seite vorgebrachten These, die Modernisierung Lateinamerikas (inklusive der Modernisierung der indigenen

Gesellschaften) müsse auch um den Preis der Vernichtung der indigenen Kulturen vorangetrieben werden (vgl. DIETERICH 1991: 193).

Hat der peruanische Autor in seinem Beitrag bisher den Anschein erweckt, sein Konzept von einer mestizischen Identität Lateinamerikas basiere auf der vorurteilsfreien Vorstellung einer symmetrischen Vermischung verschiedener, aber gleichwertiger Kulturen, so läßt er am Ende seines Aufsatzes ein deutlich anderes *mestizaje-Konzept* erkennen. Als Basis des mestizischen Wesens Lateinamerikas reklamiert er hier nämlich die okzidentale Zivilisation:

«Y cuando hablo del mundo occidental me incluyo en él, con mi páis, y con América Latina, la que, precisamente desde el encuentro de hace cinco siglos, es una de sus expresiones.» (VARGAS LLOSA 1991: 12)

Die europäisch-westliche Kultur, der anzugehören der Autor sich glücklich schätzt, ist für ihn paradigmatisch repräsentiert durch die spanische Sprache:

«Creo que es una suerte, para mí, despues de todo, formar parte de esa cultura. Hablar y escribir en una de sus lenguas y, por lo mismo [...] ser tributario de una vieja dinastía de pensadores, poetas, inventores, rebeldes y artistas que contribuyeron decisivamente a hacer retroceder la vieja barbarie de la intolerancia, el dogma, las verdades únicas, y a disociar la moral de la razón del Estado.» (VARGAS LLOSA 1991: 12)

Der Autor glorifiziert hier die spanische Sprache, indem er sich nur auf einen Teil ihrer linguistischen Wirklichkeit bezieht, zu dem etwa Cervantes und Las Casas gehören. Ein nicht unbeträchtlicher Teil der linguistischen Wirklichkeit des Spanischen, beispielsweise die Texte

Sepúlvedas, wird ausgeblendet, da sie der Intention des Autors, die europäische Zivilisation als Wiege der Freiheit, der Demokratie und der Menschenrechte darzustellen, zuwiderliefe. Die außerordentlich positive Beurteilung des Spanischen, das hier gewissermaßen als ‹kostbarstes Erbe von 1492› vorgestellt wird, teilt Vargas Llosa mit nicht wenigen lateinamerikanischen Intellektuellen, unter anderem mit dem Mexikaner Carlos Fuentes und dem Venezolaner Arturo Uslar Pietri (vgl. DIETERICH 1991: 187; FRANK 1991: 50).

Erwin Frank interpretiert diese Glorifizierung der spanischen Sprache als Indiz dafür, daß das ideologische Bekenntnis dieser Autoren, ihre persönliche und nationale Identität stelle ein Amalgam aus europäischen und indianischen Elementen dar, rein rhetorischen Charakter hat. Unbewußt fürchteten diese Autoren, so Franks These, sie könnten von europäischer Seite beim Wort genommen und tatsächlich als qualitativ andersartig betrachtet und behandelt werden. Von daher erkläre sich ihre Entschlossenheit, die Identität des amerikanischen ‹Mestizen› mit der okzidentalen Kultur (und insbesondere mit der spanischen) auch um den Preis zu verteidigen, daß die *mestizaje*-Ideologie dadurch unglaubwürdig werde (vgl. FRANK 1991: 50 f.).

Wie Vargas Llosas paradigmatische Ausführungen zeigen, haben wir es bei dem Begriff des *mestizaje* mit einem ideologiebeladenen Terminus zu tun, der sowohl zur Bezeichnung der biologischen als auch der kulturellen ‹Vermischung› von Europäern und Nichteuropäern (insbesondere Spaniern und Indianern bzw. Indianerinnen) verwendet wird, und zwar sowohl zur Bezeichnung der historischen als auch der aktuellen Dimension dieser ‹Vermischung›. Die mangelnde Differenzierung im Gebrauch des *mestizaje*-Begriffs läßt seine Propagierung als Schlüsselbegriff lateinamerikanischer Identität einigermaßen problematisch erscheinen.

Obwohl das *mestizaje*-Konzept in der lateinamerikanischen Identitätsdebatte dominiert, wird es in Spanien nur zögernd rezipiert (vgl. MESA GARRIDO 1990: 61). Der spanische Politologe Roberto Mesa Garrido vermutet als Gründe hierfür einerseits das Überdauern der kolonialistischen Mentalität, andererseits das Vorhandensein von Schuldgefühlen hinsichtlich der kolonialen Vergangenheit. Er sieht im *mestizaje*-Konzept keine Abgrenzung Lateinamerikas von der ehemaligen *Madre Patria*, sondern im Gegenteil eine zusätzliche Basis für eine iberoamerikanische Integration, die sich dann nicht nur auf die hispanischen Kulturelemente, sondern auch auf die mestizisierten stützen könne (vgl. MESA GARRIDO 1990: 61 f.). Mesa Garrido erweist sich mit dieser Sichtweise als Vertreter einer liberalen Panhispanismusvariante, die durch eine gewisse Rücksichtnahme auf die lateinamerikanische Perspektive gekennzeichnet ist.

4.2.3. Das Konzept der kulturellen Heterogenität

Das Konzept der kulturellen Heterogenität ist eine neuere Entwicklung in der lateinamerikanischen Debatte um Alterität und Identität. Es zielt auf die Überwindung eurozentristischer Interpretationsstrategien gegenüber der Vielfalt und Widersprüchlichkeit kultureller Phänomene in Lateinamerika:

> «‹Kulturelle Heterogenität› meint nicht einfach Vielfalt der Kulturen auf lateinamerikanischem Boden. [...] Das Konzept ist präziser gefaßt und bezieht sich auf das Spannungsverhältnis zwischen Ethnien und Nationalstaat, zwischen traditionellem und modernem Sektor in den lateinamerikanischen Gesellschaften. [...] Nicht also die Erkenntnis, daß in Lateinamerika verschiedene

Kulturen aufeinandertreffen, macht das Besondere dieses Diskurses aus. Vielmehr ist es die Art und Weise, wie sich die Verschiedenheit hier bearbeitet findet: Sie soll nicht länger durch Akkulturation, Mestizisierung oder andere Integrationskonzepte und -politiken aus der Welt geschafft, sondern ins Bewußtsein gerückt und anders vermittelt werden.» (SCHARLAU u. a. (Hg.) 1991: 7 f.)

In der spanischen Debatte um den *Quinto Centenario* ist der Diskurs der kulturellen Heterogenität in erster Linie in der Auseinandersetzung um die aktuelle Situation der indigenen Völker und in der Kritik der *mestizaje*-Ideologie präsent.

Mit der Situation der Indianer Lateinamerikas beschäftigen sich zahlreiche Diskussionsbeiträge Eduardo Galeanos. In eindringlicher Weise schildert der Autor den kulturellen und physischen Genozid an den indigenen Ethnien, dessen geistige Grundlage – der Rassismus – sich schon in der Rede vom *problema indigena* verrät:

«*El problema indígena:* los primeros americanos, los verdaderos descubridores de América, son *un problema*. A para que el problema deje de ser un problema es preciso que los indios dejen de ser indios. Borrarlos del mapa o borrarles el alma, aniquilarlos o asimilarlos: el genocidio o el otrocidio.» (GALEANO 1992: 4)

Galeano wendet sich leidenschaftlich gegen Vargas Llosas These, die Indianer müßten auch um den Preis des Verlustes ihrer Kulturen in den Modernisierungsprozeß Lateinamerikas einbezogen werden. Der neoliberalen Modernisierungstheorie hält er entgegen, daß die Indianer bisher von Modernisierungsprozessen nicht profitiert hätten, sondern im Gegenteil deren Opfer geworden seien. Ihre ‹Modernisierung› habe für sie nur zu Ausbeutung, Arbeitslosigkeit, Slumexistenz und dem Verlust ihrer sozialen Zusammenhänge und ihrer kulturellen Identität geführt (vgl. GALEANO 1992: 4). Im Denken der Modernisierungsstrategen sieht Galeano eine Fortsetzung der kolonialen Superioritätsattitüde, die vom 16. Jahrhundert bis zum 20. Jahrhundert nur ihr religiöses Vorzeichen in ein säkulares gewandelt habe, aber nach wie vor nur die ideologische Legitimierung für die rücksichtslose ökonomische Ausbeutung der Kolonisierten darstelle:

> «Se usa al Dios de los cristianos como coartada para el saqueo. [...] Los doctores del Estado moderno, en cambio, prefieren la coartada de la ilustración: para salvar de las tinieblas ha que civilizar a los bárbaros ignorantes. Antes y ahora, el racismo convierte al despojo colonial en un acto de justicia. El colonizado es un sub-hombre, capaz de superstición pero incapaz de religión, capaz de folclor pero incapaz de cultura: el sub-hombre merece trato sub-humano, y su escaso valor corresponde al bajo precio de los frutos de su trabajo.» (GALEANO 1992: 4)

Als heutige Verantwortliche für den Völkermord an den Indianern benennt er die lateinamerikanischen Nationalregierungen und die multinationalen Konzerne (vgl. GALEANO 1992: 4; 1988c: 22). Stehen bei letzteren die Kapitalinteressen eindeutig im Vordergrund, so liegen die Dinge in den lateinamerikanischen Staaten komplizierter. Galeano lenkt in diesem Zusammenhang den Blick des Lesers auf den Rassismus als sozialpsychologisches Problem in Lateinamerika. Er führt hierzu als Beispiele Paraguay und Peru an. Obwohl beide Staaten einen hohen indianischen Bevölkerungsanteil aufwiesen und neben Spanisch die Sprachen Guaraní bzw. Quechua Landessprachen seien, betrachte die Mehrheit der Einwohner dieser Länder diejenigen, die des Spanischen nicht mächtig seien, als minderwertig (vgl. GALEANO 1992: 4) – ein frappierendes Beispiel für die Verinnerlichung rassistischer Bewertungskategorien bei den Opfern des Rassimus selber. Obwohl Galeano im Falle Perus irrt – Quechua wurde zwar 1975 neben Spanisch zur offiziellen Landessprache erklärt, die Verfassung von 1979 hob diesen Erlaß jedoch wieder auf – ist seine Argumentation gleichwohl nachvollziehbar. Der Autor bricht hier radikal mit dem Mythos eines von rassistischen Vorurteilen freien Lateinamerikas, der im Zusammenhang mit der *mestizaje*-Ideologie häufig zu finden ist.

Es fällt auf, daß Galeano in allen seinen Texten ein überaus positives Bild der heutigen indianischen Kulturen zeichnet. Besonders hebt er ihr ökologisches Bewußtsein und ihre Wertorientierung am Nutzen für die Gemeinschaft statt am individuellen Profit hervor, die er als eine ursprüngliche Form des Sozialismus begreift (vgl. GALEANO 1988a: 20). Die indianische Zivilisationsform, so der Autor, stelle die kapitalistische (die zu verheerenden Kriegen und ökologischen Katastrophen geführt habe), grundsätzlich in Frage und werde daher von dieser als bedrohlich empfunden (vgl. GALEANO 1989: 45). Hier wäre m. E. zu prüfen, inwieweit sich Galeanos Bild der indianischen Kulturen mit deren Wirklichkeit deckt und inwieweit es sich um eine Projektion sozialistischer und ökologischer Ideale auf diese Kulturen handelt.

Wie Eduardo Galeano, so spricht sich auch Fernando Silva-Santisteban für das Konzept der kulturellen Heterogenität aus. Im Gegensatz zu dem uruguayischen Schriftsteller wendet sich Silva-Santisteban dazu nicht der konkreten lateinamerikanischen Realität, sondern dem Bereich der Ideologien zu und unterzieht die hegemoniale *mestizaje*-Ideologie einer harschen Kritik:

Wenn mit dem Begriff *mestizaje* die Rassenvermischung gemeint sei, handele es sich um ein rassistisches Konzept, das den menschlichen Rassen nicht nur somatische, sondern auch bestimmte intellektuelle, moralische und geistige Charakteristika zuschreibe. Sei aber von ‹Vermischung der Kulturen› die Rede, so stelle der Begriff *mestizaje* ein völlig ungeeignetes Instrument zur Analyse kultureller Prozesse dar, da ‹die Kultur› nicht *per se*, sondern nur abhängig von den Handlungen ihrer Träger existiere, die es im einzelnen zu analysieren gelte (vgl. SILVA-SANTISTEBAN 1988: 149). Das *mestizaje*-Konzept verschleiere sowohl die Herrschaftsbeziehungen zwischen den Trägern der dominierenden und der unterworfenen Kultur als auch den wahren Charakter der sich daraus ergebenden kulturellen Prozesse:

> «Bajo la óptica del mestizaje, las formas, elaboraciónes y respuestas que surgieron en el grupo bajo asedio son interpretadas como resultado de la ‹fusión cultural›, desvirtuándose o pasándose por alto su verdadero significado, esto es el esfuerzo creativo de la sociedad sojuzgada que con sus limitados recursos o con los que pudieron utilizar del grupo colonizador, reelaboró nuevas y efectivas formas culturales como respuesta genuina a los imperativos de la supervivencia a fin de darle a la vida el sentido con el que tenía necesariamente que ser vivida.» (SILVA-SANTISTEBAN 1988: 149)

Silva-Santisteban faßt seine Kritik am *mestizaje*-Konzept wie folgt zusammen: dieses Konzept verberge den vielfältigen und widersprüchlichen Charakter des Akkulturationsprozesses, der von Adaptationen über Reelaborationen bis hin zu contra-akkulturativen Handlungen reiche; es sei daher im wesentlichen ein vorurteilsbeladener Mythos, mit dem die herrschende gesellschaftliche Gruppe, in deren Umfeld er entstand, ihre Privilegien zu erhalten suche (vgl. SILVA-SANTISTEBAN 1988: 149).

Wie die Untersuchung der Diskussionsbeiträge zum amerikanischen *mestizaje* zeigt, ist dieser Kritik zumindest in bezug auf die mangelnde Eignung des *mestizaje*-Konzeptes als Instrument einer Analyse kultureller Prozesse zuzustimmen.

5. Zukunftsperspektiven

5.1. Perspektiven der spanisch-lateinamerikanischen Beziehungen: das Projekt einer *Comunidad Iberoamericana*

Von offizieller spanischer Seite wurde als Ziel der Fünfhundertjahrfeier ausdrücklich die Schaffung einer *Comunidad Iberoamericana* genannt. Diese anvisierte Nationengemeinschaft, bestehend aus Spanien, Portugal und den lateinamerikanischen Staaten, soll nach den Vorstellungen der spanischen Regierung zu einem autonomen Pol im internationalen Leben werden, der zur Überwindung der Dependenzsituation Lateinamerikas von den großen internationalen Machtzentren beitragen soll. Zielsetzungen der *Comunidad Iberoamericana,* so die offiziellen Verlautbarungen, seien die Bekämpfung von Analphabetismus, Marginalisierung, Ungleichheit und Menschenrechtsverletzungen in Lateinamerika; der Weg dazu seien ausgewogene *Terms of Trade,* stabile demokratische Institutionen, Zugang aller zum Erziehungswesen und soziale Sicherheit. Spanien spiele in diesem Konzept, das letztlich eine neue internationale Ordnung bedeute, eine herausragende Rolle, da es als ‹Brücke› (*puente*), sprich als Vermittler und Scharnier im Dreieck EG, Lateinamerika und den USA fungieren könne (vgl. BERNECKER 1991: 32). Daher komme Spanien auch eine Führungsrolle in der *Comunidad Iberoamericana* zu (vgl. BERNECKER 1992b: 1300).

Nach der Auffassung der Promotoren der *Comunidad Iberoamericana* kann der Übergang von einer Diktatur zu einer Demokratie, wie er in Spanien vollzogen wurde, auch als Modell für die lateinamerikanischen politischen Systeme dienen. Rubert de Ventós geht sogar so weit, den Lateinamerikanern die spanische Monarchie als Modell zur Lösung ihrer politischen Probleme zu offerieren (vgl. RUBERT DE VENTOS 1987: 162 f.).

Die Basis der projektierten Staatengemeinschaft soll, wie schon erwähnt, das alte panhispanistische Konzept der *hispanidad* bilden, nämlich die ‹gemeinsame› Sprache, Kultur und Geschichte (vgl. REHRMANN 1989: 124). Das Konzept der *hispanidad* war schon zur Zeit des Franquismus als Fundament einer *Comunidad Hispánica de Naciones* reklamiert worden, die jedoch – obwohl immer wieder pathetisch beschworen – in der Realität der politischen, kulturellen und ökonomischen Beziehungen des franquistischen Spaniens zu den lateinamerikanischen Staaten keine nennenswerte Entsprechung fand. Es drängt sich daher die Frage auf, inwieweit in bezug auf die aktuellen spanisch-lateiname rikanischen Beziehungen von einem Bruch mit den obsoleten ideologischen und politischen Konzepten der Vergangenheit gesprochen werden kann.

Einerseits ist zweifellos eine Modernisierung des offiziellen spanischen Konzeptes der Beziehungen zu Lateinamerika festzustellen. Dies wird beispielsweise am Diskurs des spanischen Monarchen Juan Carlos' I. evident, den der Historiker Hernandez Sanchez-Barba wie folgt zusammenfaßt:

«– El Rey rechaza el concepto de ‹imperio› y habla, en cambio, de *comunidad*.
 – La idea de ‹Madre Patria› se transforma en *hermandad*.
 – La relación de ‹supra› y ‹subordinación› se convierte en *historia común*.

- La vinculación ‹metrópoli-colonia› se constituye en la identidad de un *mismo orden político*.
- La ‹superposición›, desde la península, de una organización político-administrativa, pasa a ser *cooperación e intercambio*.
- La ‹distancia de los territorios y de los pueblos›, es *semejanza estructural*.
- La ‹transmisión de cultura› se traduce en proceso de modernización similar y con ideales semejantes.»
(HERNANDEZ SANCHEZ-BARBA 1981: 338 f)

Das Ziel, die *Comunidad Iberoamericana* voranzutreiben, blieb auch nicht bloß rhetorisch, sondern wurde vom spanischen Staat kurzfristig auch materiell erheblich unterstützt: Die *Sociedad Estatal del Quinto Centenario* stellte für lateinamerikanische Förderungs- und Entwicklungsprogramme finanzielle Mittel in Höhe von mehreren Milliarden Dollar zur Verfügung[21]. Die Programme betrafen das Sozial- und Gesundheitswesen, den Erziehungs- und Wohnungsbausektor, die Landwirtschaft, die Forschung und den Eisenbahnbau sowie Initiativen zugunsten der indigenen Bevölkerung. Auf dem II. Iberoamerikanischen Gipfel 1992 in Madrid wurden darüberhinaus Technologieaustausch- und Bildungsprogramme vereinbart.

Andererseits haben Beobachter ernstzunehmende Zweifel am wirklich neuen Charakter der offiziellen spanischen Beziehungen mit den Ländern Lateinamerikas geäußert. So kritisieren v. Gleich u. a. das Konzept der *hispanidad* als nur begrenzt tragfähige Basis für eine reale Kooperation, da es mit dem auf dem *mestizaje*-Konzept basierenden Selbstverständnis der lateinamerikanischen Nationen nicht im Einklang stehe (vgl. v. GLEICH 1984: 9). Die Autoren weisen auch darauf hin, daß trotz der intensiven diplomatischen Beziehungen die politische Interaktion zwischen Spanien und den lateinamerikanischen

Staaten nicht so effektiv sei wie die zwischen der Mehrheit der restlichen EG-Staaten und Lateinamerika.

Außer dem *Instituto de Cooperación Iberoamericana* (ICI) existieren in Spanien keine Organismen und finanziellen Ressourcen, die eine eine mittel- und langfristige Präsenz Spaniens in Lateinamerika garantieren könnten.

Auch das Konzept der Funktion Spaniens als *puente* zwischen Europa, Lateinamerika und den USA betrachten die Autoren als problematisch, da Spanien seiner Europa-Orientierung auch dann Priorität beimessen werde, wenn europäische Interessen in Konflikt zu lateinamerikanischen träten.

Ein weiteres Problem sehen die Autoren darin, daß die PSOE-Regierung sowohl die Interessen einer politischen Partei als auch die einer Nation vertreten müsse, was zu einem Interessenkonflikt in der spanischen Lateinamerikapolitik führen könne: Einerseits müsse die sozialistische Regierung am Ausbau der Beziehungen zu denjenigen Regierungen und politischen Kräften Lateinamerikas interessiert sein, die ihr ideologisch und politisch nahestünden; andererseits müsse die Regierung, dem *hispanidad*-Konzept folgend, unabhängig von politischen Präferenzen gleichartige Beziehungen zu allen lateinamerikanischen Regierungen pflegen. Nach Ansicht v. Gleichs u. a. optiert die spanische Regierung für das letztere Politikkonzept: Dies lasse sich, so die Autoren, aus der Tatsache ableiten, daß die Regierungssozialisten keine neue, einer sozialistischen Politik verpflichtete Institution für lateinamerikanische Angelegenheiten gründeten, sondern sich auf das *Instituto de Cooperación Iberoamericana* – das frühere *Instituto de Cultura Hispánica* – stützten, das eng mit dem Außenministerium verbunden ist und über eine lange ‹hispanistische› Tradition verfügt (vgl. v. GLEICH u. a. 1984: 17–20).

Optimistischer beurteilen v. Gleich u. a. die Möglichkeit, daß das spanische Demokratisierungsmodell lateinamerikanische Nachahmer finden könne, auch wenn sie die Tendenz der PSOE, die Errungenschaften der spanischen Demokratisierung wie ein ‹politisches Exportprodukt› anzupreisen, kritisieren (Vgl. v. GLEICH u. a. 1984: 13 f.; 20).

Die Historikerin Verena Stolcke bezweifelt dagegen die Übertragbarkeit des spanischen Modells auf lateinamerikanische Bedingungen:

«Offen ist allerdings bislang, ob die wirtschaftlichen, sozialen und politischen Bedingungen einen so erfolgreichen Prozeß der nationalen Aussöhnung wie in Spanien erlauben würden. Sicher ist jedoch, daß von einem solchen Prozeß der Aussöhnung wiederum in erster Linie die diskriminierten indianischen Völker der alten Neuen Welt ausgeschlossen wären.» (STOLCKE 1992: 29)

Interessant ist, daß das Projekt einer *Comunidad Iberoamericana* auch einen prominenten Befürworter unter den entschiedenen Kritikern der Fünfhundertjahrfeier gefunden hat: Augusto Roa Bastos bezeichnet das Projekt einer militärisch neutralen iberoamerikanischen Staatengemeinschaft, die als Gegengewicht zu den von Europa und den USA dominierten Machtblöcken fungieren könnte, als ‹konkrete Utopie›, die es als Antwort auf die anstehenden globalen Probleme langfristig zu verwirklichen gelte (vgl. ROA BASTOS 1992b: 165). Das Konzept, das Roa Bastos für die iberoamerikanische Gemeinschaft entwirft, mutet in der Tat visionär an:

«Los objetivos de esta alianza son, naturalmente, en estadios superiores, la neutralidad, la desnuclearización de las regiones respectivas, la limitación de los presupuestos militares y la congelación de la carrera armamentista a las estrictas necesidades de la defensa civil y nacional. [...] la realización de un proyecto semejante exige indispensablemente un nuevo orden, que abarque las relaciones este-oeste y norte-sur; un nuevo orden económico, político y cultural, de carácter pluralista y federativo [...].» (ROA BASTOS 1992b: 182)

Jacqueline Covo bringt Roa Bastos' ausgesprochen hispanophile Position damit in Verbindung, daß das Heimatland des Schriftstellers, Paraguay, sich in einer extremen politischen Isolierung befindet (vgl. COVO 1992: 278); eine plausible, möglicherweise jedoch nicht ausreichende Erklärung für die enormen Hoffnungen, die der Autor in eine *Comunidad Iberoamericana* unter spanischer Führung setzt.

Die große Mehrheit der lateinamerikanischen wie auch der spanischen Gegner der Fünfhundertjahrfeier standen – anders als Roa Bastos – dem Projekt einer Iberoamerikanischen Gemeinschaft, wie es von der spanischen Regierung propagiert wurde, zumindest skeptisch, zuweilen auch feindlich gegenüber. So äußerte beispielsweise Mario Benedetti, der eine Annäherung Spaniens und Lateinamerikas für sehr wünschenswert hält, schwerwiegende Bedenken hinsichtlich der Realisierungschancen einer echten Kooperation:

«España no estará en condiciones de valorar y apreciar la vida, el ánimo y las circunstancias de sus ex colonias mientras sus intereses (económicas, militares, etc.) pro-norteamericanos tengán más peso que su solidaridad efectiva con la América Hispánica. [...] es muy dificil, casi imposible, coordinar y llevar a cabo una verdadera cooperación con las sardinas a partir de una amistad entrañable con el tiburón.» (BENEDETTI 1992: 23)

Eine iberoamerikanische Kooperation wäre laut Benedetti nur dann möglich, wenn Spanien sich zu seiner eigenen ‹Drittweltlichkeit› bekenne und mit den lateinamerikanischen ‹Drittwelt›-Staaten zusammen die diesseits und jenseits des Atlantiks ähnlich gelagerten Probleme der Modernisierung und Demokratisierung zu lösen versuche (vgl. BENEDETTI 1992: 22 f.).

Einige Gegner des *Quinto Centenario* verdächtigen die spanische Regierung, sich über die *Comunidad Iberoamericana* in Lateinamerika einen eigenen ökonomischen Einflußbereich schaffen zu wollen, für den die Rede vom kulturellen Dialog und von Kooperation nur Vorwände seien. Argumentiert wurde dabei mit der Unterstützung der Fünfhundertjahrfeiern durch die EG; diese zeige, daß die kapitalistischen Staaten Europas sich Spaniens als Brückenkopf für ihre expansionistischen Ziele in Lateinamerika bedienten. Diese Position findet sich beispielsweise bei Iñaki Egaña und bei Heinz Dieterich (vgl. EGAÑA 1990: 158 f.; DIETERICH 1990a: 11).

Die These, die Fünfhundertjahrfeier und das damit verbundene Projekt einer *Comunidad Iberoamericana* zielten vor allem auf die Gewinnung von Märkten und Machtpositionen, ist von verschiedener Seite kritisiert worden. Rehrmann beispielsweise hält ökonomische Motive für sekundär, da sie einer realen Grundlage entbehrten und eher das Wunschdenken der spanischen Regierung zum Ausdruck brächten (vgl. REHRMANN 1989: 128).

Zu einer ähnlichen Einschätzung kommt Stolcke, die ebenfalls die ökonomische These ablehnt und in den Feierlichkeiten vor allem ein Propagandamanöver sieht, mit dem das Image Spaniens in der internationalen und insbesondere in der europäischen Gemeinschaft aufpoliert werden solle (vgl. STOLCKE 1990: 26).

Auch der katalanische Feiergegner Vázquez Montalbán kritisiert das Projekt einer iberoamerikanischen Gemeinschaft mit Spanien als

‹Brücke› zwischen Europa und Amerika als reine Propaganda und Imagepflege:

«América [...] sigue colonizada, más directamente por los Estados Unidos y las oligarquías nacionales cómplices, pero indirectamente también por las grandes potencias europeas. En la medida en que España se ha integrado en ese sistema mundial de dominación, difícilmente podrá ofrecer una función intermediaria, sólo utilizable en algunos discursos y siempre con un par de copas de más. Podrá fletar aviones para que los intelectuales más vistosos y los oligarcas más presentables posen para la gran fotografia del V Centenario. Pero no estará en condiciones de sentar las bases de un nuevo saber y de una nueva conciencia en relación con ese saber.» (VAZQUEZ MONTALBAN 1990: 49)

Der Autor wirft der spanischen Regierung eine ‹Schaufensterpolitik› vor, die sich ideologisch immer noch am Konzept der *hispanidad* orientiere und der für eine reale Kooperation mit den lateinamerikanischen Staaten die notwendigen finanziellen Mittel fehlten (vgl. VAZQUEZ MONTALBAN 1986: 9). Diese Kritik ist, wie ich zu zeigen versucht habe, zumindest in bezug auf das ideologische Fundament der spanischen Lateinamerikapolitik berechtigt.

5.2. An der Schwelle zum 21. Jahrhundert: Globale Perspektiven

Nicht nur die gegenwärtigen und zukünftigen Beziehungen zwischen Spanien und seinen Ex-Kolonien sind im Zusammenhang mit dem

Quinto Centenario vieldiskutiertes Thema, sondern auch ihr globaler Kontext.

Dies hat mehrere Gründe. Zum einen zwingen die immer enger werdenden internationalen Verflechtungen und die Zunahme von Problemen, die den gesamten Planeten betreffen, die Teilnehmer der Debatte zu einer über das bloß Nationale hinausgehenden Perspektive. Zum anderen gibt die nahe Jahrtausendwende Anlaß dazu, Bilanz zu ziehen und mögliche zukünftige Entwicklungen zu reflektieren. Letztendlich geht es dabei um die Bewertung des europäisch-westlichen Zivilisationsprojektes nach 500 Jahren seiner Geschichte. Daß die Bewertungen tatsächlich kontrovers ausfallen – und zwar nicht nur von lateinamerikanischer, sondern auch von spanischer Seite – unterscheidet den *Quinto Centenario* in diesem Aspekt grundsätzlich vom *Cuarto Centenario:* Waren die Feiern zum 400. Jahrestag im Jahr 1892 – auf dem Höhepunkt des imperialistischen Zeitalters – noch ausschließlich vom Überlegenheitsgefühl und Sendungsbewußtsein der Alten Welt geprägt, so werden hundert Jahre später einerseits deutliche Brüche im Selbstbewußtsein Europas erkennbar (historisch vor allem auf die traumatische Erfahrung zweier Weltkriege zurückzuführen), während andererseits in Amerika die paternalistische Attitüde Europas immer entschiedener zurückgewiesen wird.

Der spanische Anthropologe und Ethnologe Alfredo Jiménez Núñez, Mitorganisator der *Expo,* beweist durchaus Realitätssinn, wenn er am Beginn seines Diskussionsbeitrages darauf hinweist, daß das Jubiläumsjahr mit einer weltweiten Rezession zusammenfällt, die besonders für ‹Iberoamerika› dramatische Folgen nicht nur auf ökonomischem, sondern auch auf sozialem und politischem Gebiet hat. Doch auch das Kastilien des 16. Jahrhunderts, so Núñez' These, habe sich in einem ähnlich krisenhaften Zustand befunden, den es durch die ‹Flucht nach vorn› – gemeint ist die transatlantische Expansion – mehr als bewältigt habe (vgl. JIMENEZ NUÑEZ 1990: 28).

Diese Geschichtsinterpretation, die bewußt verschweigt, daß die koloniale Expansion die Dekadenz Spaniens in den darauffolgenden beiden Jahrhunderten eben gerade nicht verhinderte, sondern teilweise noch zu ihr beitrug, dient Núñez im folgenden zur Propagierung seiner Überzeugung, der Fortschritt von Wissenschaft und Technik werde die drängenden Probleme der Menschheit mit Sicherheit lösen:

> «La capacidad descubridora del hombre no se ha agotado sino que, al contrario, vive uno de los momentos más fecundos y acelerados de la Historia. De aquí la ilusión con que hemos de trabajar y acercarnos al 92 en la seguridad de que si queremos, podremos.» (JIMENEZ NUÑEZ 1990: 29)

Allerdings, so fügt Núñez hinzu, müsse der technische Fortschritt auch von Fortschritten im menschlichen Sozialverhalten, wie etwa der Kommunikationsfähigkeit, begleitet werden (vgl. JIMENEZ NUÑEZ 1990: 28).

Ist Núñez' Optimismus bezüglich möglicher technologischer Entwicklungen, die beispielsweise zur Lösung ökologischer Probleme beitragen könnten, noch nachvollziehbar – sein Argument, die technologische Entwicklung sei noch nie so rasant gewesen wie heute, ist nicht abzustreiten –, so fällt dies im Hinblick auf das menschliche Sozialverhalten schon schwerer; bezeichnenderweise bleibt dieser Aspekt bei Núñez denn auch im Bereich des bloß Appellativen.

Im Gegensatz zu Núñez spricht der spanische Historiker Francisco Morales Padrón die Krisen der Gegenwart nicht einmal an. Aus seiner Perspektive stellt sich das 21. Jahrhundert als eine neue, gigantische *Terra incognita* dar, deren Entdeckung unmittelbar bevorstehe (vgl.

MORALES PADRON 1990: 75). Mit dieser Metapher schlägt er den Bogen zum *descubrimiento* von 1492: Auch damals sei der Wissensdurst des Menschen die treibende Kraft gewesen und habe letztendlich zu einer großartigen Horizonterweiterung der Menschheit geführt. Im 21. Jahrhundert sieht der Historiker nun die Möglichkeit einer neuerlichen Horizonterweiterung aufgrund zukünftiger *descubrimientos* (vgl. MORALES PADRON 1990: 75). Mit dieser Sichtweise übernimmt Morales Padrón – neuere Diskurse schlicht ignorierend – nahezu ungebrochen den Fortschrittsoptimismus des 19. Jahrhunderts.

Eine ähnliche Haltung nimmt der Vizepräsident der spanischen Regierung, Alfonso Guerra, im Zusammenhang mit der Konzeption der *Expo* ein: Die *Expo*, so Guerra, bedeute «una reflexión sobre la aventura del hombre en la recta que conduce al año 2000» (zitiert nach ELORZA 1989: 11); ihre Aufgabe sei es, das ‹gewaltige Versprechen› der wissenschaftlichen Entwicklung und des menschlichen Fortschritts zu zeigen (vgl. ELORZA 1989: 11).

Angesichts der dramatischen Situation vieler an der *Expo* teilnehmender Länder Lateinamerikas kritisiert Antonio Elorza diese Position als geradezu zynisch:

«A la miseria de Centroamérica y Perú se le ofrecen como remedios ‹la microelectrónica, la informática, las telecomunicaciones, la fotónica, la ingeniería genética, las nuevas fuentes de energía, la superconductividad›. Consuélense los americanos, que en la Expo verán el paraíso de la técnica, a falta de ver reflejada su dramática situación y la historia que para bien y para mal los vinculó con España.» (ELORZA 1989: 11)

Zeigt sich bei den bisher vorgestellten Intellektuellen überhaupt kein oder nur ein schwach ausgeprägtes Krisenbewußtsein und ein fast unbegrenztes Vertrauen in die Entwicklungspotentiale von Wissenschaft und Technik, so sind die Prämissen einer zweiten Gruppe von Autoren etwas andere: Ausgehend von dem Widerspruch zwischen einer gravierenden globalen Krise einerseits und den glänzenden technologischen Erfolgen andererseits, suchen sie die Auflösung dieses Widerspruches im Bereich der Institutionen und fordern letzten Endes eine Weltregierung nach dem Vorbild westlicher Demokratien.

So stellt der spanische Soziologe Emilio Lamo de Espinosa folgende Thesen auf: Die Existenz der Menschheit als «una y plural» (LAMO DE ESPINOSA 1989: 3), die 1492 erstmals als noch diffuses Bewußtsein auftauchte, sei heute, dank der modernen Transport- und Kommunikationsmittel, greifbare Realität geworden. Diese Realität habe jedoch bisher weder im Denken der Menschheit noch ihrer soziopolitischen Organisation adäquaten Widerhall gefunden. Es sei daher nun an der Zeit, ein neues Denken zu entwickeln, das sich mehr an globalen als an regionalen Kategorien orientiere; dieses neue Denken sei gleichzeitig ein politisches Projekt, das unweigerlich zu einer Weltdemokratie führen werde. Solch eine universale Demokratie habe schon Kant in seinen Überlegungen zu ewigen Frieden vorgeschwebt (vgl. ESPINOSA 1989: 3).

So wünschenswert eine Demokratisierung des internationalen Systems und eine friedliche Lösung internationaler Konflikte auch ist, so nachdenklich muß es doch stimmen, daß der Autor für diese beiden großen Ziele ausgerechnet einen deutschen Philosophen der Aufklärung als Kronzeugen nennt, dessen Amerikabild von massiven rassistischen Vorurteilen geprägt war[22]. Ähnlich fragwürdig erscheint die globale Projektion eines Demokratiemodells, das im Zeitalter der Technokratie selbst im nationalen Rahmen schon in eine tiefe Krise geraten ist.

Ebenso wie Espinosa plädiert auch der spanische Jurist und Richter am Europäischen Gerichtshof, Juan Antonio Carrillo Salcedo, für eine universale politische Institution mit weitreichenden Handlungskompetenzen. Bleibt dieser Gedanke bei Espinosa mehr im Bereich des Abstrakt-Philosophischen, so geht es Salcedo damit explizit um die schnellstmögliche Lösung der dringendsten globalen Probleme, wie Überbevölkerung, Erschöpfung der natürlichen Ressourcen und Weltwirtschaftskrise. Salcedo betrachtet das traditionelle Denken in nationalen Kategorien angesichts dieser Probleme als obsolet:

> «Una de las mayores contradicciónes del sistema internacional contemporáneo radique en la tensión existente entre las independencias nacionales y las exigencias de la interdependencia.» (CARRILLO SALCEDO 1990: 38)

Daher sei eine Neuorganisation des internationalen Systems notwendig, die nur mit weniger Rücksicht als bisher auf die Souveränität der Nationalstaaten zu bewerkstelligen sei. Diese gewaltige Aufgabe erinnere in vielem an die historische Situation von 1492:

> «Como entonces, nos enfrentamos con una nueva revolución espacial [...]. Como entonces, nos enfrentamos con el problema de la organización del poder. Como entonces, está en el juego la organización de la comunidad internacional. Como entonces [...], tenemos la necesidad de dar una respuesta adecuada a la interpelación ética que los problemas globales que vivimos nos plantean.» (CARILLO SALCEDO 1990: 38)

An diesem Rückgriff auf die Vergangenheit der europäischen Kolonialmächte wird evident, daß Salcedo unbeirrt an der eurozentrischen Perspektive festhält: Mit dem ‹wir›, an das der Autor appelliert, ist vor allem Europa gemeint und nicht die gesamte Menschheit. Dieser ‹semantische Trick› ist von Branscheidt scharf kritisiert worden:

> «Aus der Perspektive der reichsten Länder wird das Bild einer ‹einzigen Welt› [...] formuliert, in der auf einmal die Tatsache gegensätzlicher Interessen nicht mehr gegeben sein soll – und deren Fortbestand nur auf der Grundlage der metropolitanen Weltvernunft möglich sei.» (BRANSCHEIDT 1990: 246 f.)

Eine dritte Gruppe von Intellektuellen gelangt über die Analyse der gegenwärtigen globalen Probleme zu einer profunden Kritik der europäisch-westlichen Werte überhaupt. Hier soll exemplarisch die Kritik des spanischen Philosophen Pedro Cerezo Galán referiert werden, die von einigen spanischen und lateinamerikanischen Intellektuellen geteilt wird, unter ihnen Antonio Elorza und Carlos Moya (vgl. ELORZA 1989: 11; MOYA 1990: 13 f.).

Anstatt, wie dies bei den bisher zitierten Autoren der Fall ist, Analogien zwischen 1492 und 1992 herzustellen, begreift Cerezo Galán die beiden Daten als antithetisch: Aus seiner Perspektive markiert das Jahr 1492 die beginnende Befreiung der Vernunft aus der Bevormundung durch Traditionen und Konventionen und damit den Beginn eines historischen Prozesses, der ebenso ungeheure Produktiv- wie Destruktivkräfte freisetzt, da die ‹instrumentelle Vernunft› (Horkheimer) zwar effizient, aber von normativem Relativismus ist. 1992 dagegen, so Cerezo Galán, seien die immanenten Widersprüche dieses der gesamten europäischen Moderne zugrundeliegenden Vernunftkonzeptes derart evident geworden, daß von einem ‹Ende der Moderne› gesprochen werden könne (vgl. CEREZO GALAN 1990: 43). Der Autor benennt unter Bezugnahme auf Adornos und Horkheimers Theorie von der Dialektik der Aufklärung einige dieser Widersprüche: der zwischen wissenschaftlich-technischem und ethisch-humanistischem Denken, zwischen Naturbeherrschung und -zerstörung, zwischen medizinischem Fortschritt und militärischem Zerstörungspotential, zwischen Plünderung der natürlichen Ressourcen und Erzeugung immer neuer künstlicher Konsumbedürfnisse, zwischen den Erfordernissen der Demokratie und denen der Bürokratie (vgl. CEREZO GALAN 1990: 42 f.).

Eine weitere antithetische Beziehung existiert laut Cerezo Galán zwischen den beiden Daten 1492 und 1992: Sei die Epoche der Renaissance von der Idee der unendlichen Welten geprägt gewesen, so sei für das 20. Jahrhundert hingegen das Bewußtsein von der Endlichkeit des Ökosystems Erde charakteristisch. Galán erinnert daran, daß die Umweltproblematik, die in den letzten Jahrzehnten zunehmend ins Blickfeld gerückt sei, nicht nur den europäischen, sondern auch den amerikanischen Kontinent betreffe: «El nuevo mundo se ha vuelto demasiado viejo bajo el dictado de la civilización industrial avanzada.» (CEREZO GALAN 1990: 44). Den einzigen Weg zur Lösung der globalen Probleme sieht der Autor in der entschiedenen Abkehr vom Eurozentrismus und in der Berücksichtigung ethischer Kriterien neben denen der technisch-instrumentellen Vernunft; nur so könne eine Demokratisierung der bisher undemokratischen, da neokolonialistischen internationalen Beziehungen auf der Basis einer neuen ‹Ethik des Diskurses› (Habermas) gelingen (vgl. CEREZO GALAN 1990: 43–47).

Galán greift hier die neuere entwicklungspolitische Diskussion auf, in der immer häufiger kritisiert wird, daß das bislang dominierende Konzept der ‹nachholenden Entwicklung› die Grenzen des Ökosystems Erde nicht berücksichtigt.

6. Fazit

Als «año horrible» (SANTOS 1993: 10) verabschiedete *Cambio 16* im Januar 1993 das eben zu Ende gegangene Jubiläumsjahr. Die Krise, vor denen Beobachter schon seit einiger Zeit gewarnt hatten und die Mitte 1992 mit dem dänischen Nein zum Maastrichter Vertrag massiv über Spanien hereinbrach, hatte die Festlaune abrupt in Katerstimmung umschlagen lassen:

> «De golpe, los esplendores olímpicos, las glorias sevillanas y los trenes fulminantes se volvieron caricaturas de la prosperidad. Una vez más, 500 años después, eran migas en la barba del hidalgo empecinado en simular una riqueza que se fue.» (TOMAS DE SALAS 1993: 3)

Die ökonomische Krise wirkt sich innenpolitisch negativ auf das traditionell spannungsreiche Verhältnis zwischen den einzelnen Regionen Spaniens aus: In Spanien erleben die sezessionistischen Kräfte, denen die Feierbefürworter mit ihrer Beschwörung der *hispanidad* entgegenzuwirken versucht hatten, derzeit eine Hausse.

Im außenpolitischen Bereich hat die Krise die Rede von der *Comunidad Iberoamericana* zur bloßen rhetorischen Figur erstarren lassen. Für einen noch nicht absehbaren Zeitraum fehlen die finanziellen Mittel für eine mittel- und langfristige Kooperation zwischen Spanien und den lateinamerikanischen Staaten. Jenseits des Atlantiks sind die Probleme – Auslandsverschuldung, politische Instabilität, wachsende soziale Ungleichheit – die alten geblieben. Die Situation der indigenen Völker Amerikas hat sich sogar eher noch verschlechtert, wie die Delegierten indigener Organisationen im Oktober 1993 auf ihrem Gipfeltreffen in Mexiko feststellten (vgl. *Frankfurter Rundschau* 10.10.1993: 7). Was bleibt auf diesem Hintergrund vom vergangenen Jubiläumsjahr? Was bleibt von der dargestellten Kontroverse? Was bleibt für Spanien, was für Lateinamerika?

Wenn man eine Bilanz des Jubiläumsjahres zu ziehen versucht, so stellt das Faktum, daß es um die Fünfhundertjahrfeier überhaupt eine derart umfangreiche Kontroverse in Spanien gab, wie sie hier dokumentiert ist, vielleicht die wichtigste Position auf der Habenseite dar – was nicht heißen soll, daß eine solche Bilanz insgesamt positiv ausfiele. Wie anfangs bereits ausgeführt, liegt die Bedeutung der hier analysierten Debatte in erster Linie darin, daß sie das Ende des panhispanistischen Konsenses in Spanien anzeigt. Die für Spanien neue Dialogbereitschaft mit den Ex-Kolonien und die ebenso kritische Auseinandersetzung mit der Kolonialgeschichte, die sich sowohl in der Haltung der spanischen Feiergegner dokumentiert wie in der Tatsache, daß auch kritische lateinamerikanische Stimmen in *El País* ein Forum erhielten, kann nur positiv gewertet werden. Sie ist sicherlich auch ein Zeichen der Hoffnung für die spanisch-lateinamerikanischen Kulturbeziehungen. So sah es auch der lateinamerikanische Feierkritiker Mario Benedetti, der im Verlauf der Debatte schrieb:

> «El mundo no comenzó en 1492 ni acabará en 1992. Ojalá que 1993, año del que nadie parece preocuparse, sea propicio para el comienzo de una vinculación fraternal, o sea sin paternalismos; [...]. Por fortuna, hay en España mucha gente que tiene sobre este problema una visión más generosa y más realista, y es precisamente en ella que la compleja realidad de la América Hispánica (o Ibérica o Latina, como gustéis) puede encontrar la mejor comprensión.» (BENEDETTI 1992: 23)

Wie wirkungsmächtig indessen die traditionelle Geschichtsschreibung und das dazugehörige Lateinamerikabild bei vielen spanischen Intellektuellen weiterhin sind, wird in der vorliegenden Analyse ebenfalls evident. Dabei fällt auf, daß auch in akademischen Publikationen häufig Positionen vertreten werden, die im ideologischen Umfeld des Panhispanismus anzusiedeln sind.

Gerade weil die traditionellen Geschichtsinterpretationen und Lateinamerikabilder noch so dominant sind, ist das Verdienst der spanischen Feierkritiker, mit den panhispanistischen Prämissen zu brechen, hoch einzuschätzen. Dies gilt insbesondere für ihre kritische Auseinandersetzung mit der Kolonialgeschichte. Hier liegt zweifellos die Stärke ihrer Argumentation, was vor allem für Sánchez Ferlosios Interpretation der spanischen Chronisten der Conquista gilt. Zu fragen wäre allerdings, warum das gegenwärtige Lateinamerika im Diskurs der spanischen Feiergegner eine so marginale Rolle spielt. Der Vorwurf der Vergangenheitsfixiertheit, der von seiten der Feierbefürworter häufig vorgebracht wurde, ist insofern zutreffend. Warum überlassen diese kritischen Intellektuellen, wenn es um die aktuellen Beziehungen zwischen Spanien und Lateinamerika geht, so häufig den *hispanidad*-Rhetorikern das Feld? Nach Gründen hierfür wäre zu suchen.

Die Analyse der spanischen Debatte um den *Quinto Centenario* zeigt auch, daß die eurozentristische Sichtweise heute im Vergleich zum 19. Jahrhundert, aus dem sowohl die Idee der Hundertjahrfeiern als auch der Weltausstellungen stammen, an Boden verloren hat. Auch diese Tatsache stellt ein nicht zu unterschätzendes Positivum dar: Die Bereitschaft zum kulturellen Dialog und zur kritischen Revision der eigenen Geschichte, die den Diskurs der Feiergegner diesseits und jenseits des Atlantiks kennzeichnet, ist die Voraussetzung für gesellschaftliche Veränderungsprozesse, die nicht nur in den spanischsprachigen Ländern dringlicher erscheinen denn je. Die Erkenntnis der

Relativität der eigenen Kulturformen, die sich aus dem synchronischen oder diachronischen Vergleich mit anderen Kulturformen ergeben kann, impliziert auch die Erkenntnis ihrer Veränderbarkeit. Dieser Zusammenhang ist es, der den kritischen Stimmen – mögen sie auch noch so sehr in der Minderzahl sein – ihr Gewicht verleiht. Denn, wie Todorov schreibt:

«Ich glaube nicht, daß die Geschichte einem System gehorcht oder daß man aus ihren angeblichen ‹Gesetzen› die zukünftigen oder auch nur die gegenwärtigen gesellschaftlichen Formen ableiten kann. Ich glaube vielmehr, daß man, wenn man sich der Relativität und folglich der Willkürlichkeit eines Merkmals unserer Kultur bewußt wird, damit bereits zu seiner Veränderung beiträgt, und daß die Geschichte (nicht die Wissenschaft, sondern ihr Gegenstand) nichts anderes ist als eine Reihe solcher unmerklicher Veränderungen. (TODOROV 1992: 300 f.)»

Insofern wäre eine Aufarbeitung der gesellschaftlichen Rezeption der hier dargestellten Debatte vielleicht die spannendste Aufgabe, die sich für die weitere Forschung ergibt.

Literaturverzeichnis

1. Primärliteratur

AMAIURKO QUETZAL AGIRIA (1990): Vorwort zu ‹Die Neuentdeckung Amerikas›. In: DIETERICH, Heinz (Hg.) (1990): *Die Neuentdeckung Amerikas. Essays, Interviews, Gedichte.* Göttingen: Lamuv

ANTA FELEZ, José Luis (1992): «El mosaíco americano». *El País* 24.9.1992, Beilage «Huellas de la conquista»: 8

AYALA, Francisco (1989): «Un viaje de cinco siglos». *El País* 12.10.1989, Beilage «Temas de nuestra época»:1/2

— (1991): «Una lengua en expansión». *El País* 12.10.1991, Beilage «Un mundo nuevo»: 8/9

BADA Ricardo (1987): «España, puente cultural hacia Hispanoamérica?» *Diario 16* 10.10.1987

BENEDETTI, Mario (1984): «La América por descubrir». *El País* 12.3.1984: 9/10

— (1992): «La América por descubrir». In: DIETERICH, Heinz (Hg.) (1992): *Nuestra América frente al V Centenario.* Santiago/Chile: Ediciones lar (literatura americana reunida): 17–23

BENITEZ, Fernando (1985): «México y España». *El País* 6.11.1985: 11

CABRERA INFANTE, Guillermo (1992): «Tragicomedia de errores». *El País* 15.10.1992: 15/16

CARDOZA Y ARAGON, Luis (1992): «La conquista de América». In: DIETERICH, Heinz (Hg.) (1992): a. a. O.: 37–42

CARRILLO SALCEDO, Juan Antonio (1990): «Ante una comunidad planetaria.» In: OFICINA DEL COMISARIO GENERAL (Hg.) (1990): *Expoforum 92. Umbrales de grandes descubrimientos:*

1492-1992. Sevilla: Oficina del Comisario General, Area de Asuntos Culturales, Expo 92: 31-38

CEREZO GALAN, Pedro (1990): «Del ius communicationis a la voluntad de la comunicación». In: OFICINA DEL COMISARIO GENERAL (Hg.) (1990): a. a. O.: 41-47

CESPEDES DE CASTILLO, Guillermo (1988): «Raíces peninsulares y asentamiento indiano: los hombres de las fronteras». In: SOLANO, Francisco de (Hg.) (1988): *Proceso histórico al conquistador*. Madrid: Alianza/V Centenario: 37-50

COLOMER, Josep M. (1989): «Bordado de retórica. Análisis de la invención de la hispanidad». *El País* 12.10.1989: 8

CRISTOBAL, Ramiro (1991): «Cinco siglos con el sambenito negro». *Cambio 16* 26.8.1991: 56-59

DIETERICH, Heinz (1992): «Emancipación e Identidad de América Latina: 1492-1992». In: DIETERICH, Heinz (Hg.) (1992): a. a. O.: 55-71

— (Hg.) (1992): *Nuestra América frente al V Centenario*. Santiago/Chile: Ediciones lar (literatura americana reunida)

DOMINGUEZ ORTIZ, Antonio (1990): «El descubrimiento en sus autenticos dimensiones». In: OFICINA DEL COMISARIO GENERAL (Hg.) (1990): a. a. O.: 103-107

DRAGO, Tito (1991): «Los cien nombres de América Latina». *El País* 4.4.1991: 12

EGAÑA, Iñaki (1990): «Die imperialen Interessen Spaniens und Europas am 500. Jahrestag». In: HÖFER, Bruni u. a. (Hg.) (1990): *Das fünfhundertjährige Reich. Emanzipation und lateinamerikanische Identität 1492-1992*. Bonn: Pahl-Rugenstein; Berlin: Althammer u. Reese

ELORZA, Antonio (1989): «Huida hacia el mito». *El País* 2.2.1989: 11

ESCOHOTADO, Antonio (1988): «La noria del centenario». *El País* 22.1.1988: 10

FERNANDEZ RETAMAR, Roberto (1992): «América, descubrimientos, diálogos». In: DIETERICH, Heinz (Hg.) (1992): a. a. O.: 89-97
GALEANO, Eduardo (1988a): «Ladrillos de una casa por hacer». *El País* 11.10.1988: 20
— (1988b): «Las lujurias infernales». *El País* 12.10.1988: 18
— (1988c): «El tigre azul y la tierra prometida». *El País* 13.10.1988: 22
— (1990): «Ni leyenda negra ni leyenda rosa: recuparar la realidad». *araucaria de Chile* Nr. 47/48 1990: 31-39
— (1992): «Cinco siglos de prohibición». *El País* 24.9.1992, Beilage «Temas de nuestra época»: 4
GOYTISOLO, Juan (1988): «A propósito de dos centenarios». *El País* 5.11.1988: 11/12
— (1991): «Beschleunigter Abgang». *Frankfurter Rundschau* 9.10.1991, Beilage «Literaturrundschau»: B1 [Der Artikel erschien gleichzeitig in Madrid, Paris und Rom]
GUERRA, Francisco (1986): «El efecto demográfico de las epidemias tras el descubrimiento de América». *Revista de Indias* Nr. 177 1986: 41-58
HERNANDEZ SANCHEZ-BARBA, Mario (1981): «El concepto de comunidad hispanoamericana en los discursos del Rey D. Juan Carlos I de España: Análisis valorativo y de síntesis». *Revista de Indias* Nr. 165/166 1981: 337-357
JIMENEZ NUÑEZ, Alfredo (19903): «Sino y signos de una exposición universal: ‹Sevilla 1992›». In: OFICINA DEL COMISARIO GENERAL (Hg.) (1990): a. a. O.: 23-30
LAMO DE ESPINOSA, Emilio (1989): «El espejo del otro. El redescubrimiento de una fecha mítica: 1492». *El País* 12.10.1989: 3
LEON-PORTILLA, Miguel (1985): «El juego de espejos del 12 de octubre». *El País* 11.5.1985: 30

- (1989): «UNESCO: universalización del V Centenario». *El País* 10.2.1989: 6
- (1990): «Tres grandes temas para la exposición universal». In: OFICINA DEL COMISARIO GENERAL (Hg.) (1990): a. a. O.: 109-114

MACIAS KAPON, Uriel (1990): «España y los sefardíes». *El País* 19.10.1990: 16

MARIAS, Julián (1990): «Conferencia inaugural». In: OFICINA DEL COMISARIO GENERAL (Hg.) (1990): a. a. O.: 12-22

MARTINEZ SHAW, Carlos (1989): «Menos masoquismo. Motivos para celebrar un descubrimiento.» *El País* 12.10.1989, Beilage «Temas de nuestra época: un viaje de cinco siglos»: 6

MATE, Reyes (1992): «La ‹visión de los vencidos› de América». *El País* 1.4.1992: 12

MESA GARRIDO, Roberto (1990): «Colonialismo y descubrimientos». In: OFICINA DEL COMISARIO GENERAL (Hg.) (1990): a. a. O.: 57-63

MIRET MAGDALENA, E. (1988): «La cara negra del descubrimiento». *El País* 24.11.1988: 12

MORALES PADRON, Francisco (1990): «Los descubrimientos geográficos, el descubrimiento colombino: planteamientos para una discusión». In: OFICINA DEL COMISARIO GENERAL (Hg.) (1990): a. a. O.: 73-79

MOYA, Carlos (1990): «Quinientos años». *El País* 9.4.1990: 13/14

OFICINA DEL COMISARIO GENERAL (Hg.) (1990): *Expoforum 92. Umbrales de grandes descubrimientos: 1492-1992*. Sevilla: Oficina del Comisario General, Area de Asuntos Culturales, Expo 92

PRADO Y COLON DE CARVAJAL, Manuel de (1988a): «Razones de una conmemoración». *El País* 20.5.1988: 24
- (1988b): «Razones de una Exposición Universal». *El País* 21.5.1988: 18

— (1988c): «Razones de Sevilla 92». *El País* 23.5.1988: 22
ROA BASTOS, Augusto (1985): «El nuevo descubrimiento». *El País* 16.11.1985: 11/12
— (1991): «El controvertido V Centenario». *El País* 18.6.1991: 17/18
— (1992a): «Descubrir el encubrimiento». *El País* 14.10.1992: 22
— (1992b): «Una utopía concreta. La comunidad iberoamericana». In: DIETERICH, Heinz (Hg.) (1992): a. a. O.: 165-183
RUBERT DE VENTOS, Xavier (1987): *El laberinto de la hispanidad.* Barcelona: Editorial Planeta
SABATO, Ernesto (1989): «La lengua de Castilla y el Nuevo Continente». *El País* 14.4.1989: 40
— (1991): «Ni leyenda negra ni leyenda rosa». *El País* 2.1.1991: 11/12
SAMPEDRO, José Luis (1991): «Por un centenario latinoamericano». *El País* 23.9.1991: 13
SAMPER PIZANO, Daniel (1988): «Latinoamérica gana, pierde Hispanoamérica» *Cambio 16* 14.11.1988: 209–213
SANCHEZ-ALBORNOZ, Nicolás (1985): «Colón y el descubrimiento». *El País* 11.4.1985: 9
SANCHEZ FERLOSIO, Rafael (1988a): «Esas Yndias equivocadas y malditas». *El País* 3.7.1988: 32/33
— (1988b): «Totalitarismo diacrónico». *El País* 4.7.1988: 34/35
— (1988c): «Los perros». *El País* 5.7.1988: 40
— (1988d): «La envidia del Imperio». *El País* 6.7.1988: 36
SANGUINETTI, Julio María (1990): «Afuera de su sombra». *El País* 13.11.1990: 16
SAVATER, Fernando (1991): «El ánimo de las palabras». *El País* 12.10.1991, Beilage «Un nuevo mundo»: 9
SECO SERRANO, Carlos (1991): «Ante el 92». *El País* 27.9.1991: 14

SELSER, Gregorio (1992): «Lo de América: Descubrimiento, encuentro, invención, tropezón? Querella nominalista?» In: DIETERICH, Heinz (Hg.) (1992): a. a. O.: 185–201

SILVA-SANTISTEBAN, Fernando (1988): «El significado de la conquista y el proceso de aculturación hispano-andino». In: SOLANO, Francisco de (Hg.) (1988): a. a. O.: 129–151

SOLANA, Javier (1992): «V Centenario, un proyecto cumplido». *El País* 12.10.1992: 16

SOLANO, Francisco de (1988): «El conquistador hispano: señas de identidad». In: SOLANO, Francisco de (Hg.) (1988): a. a. O.: 15–36

SOLANO, Francisco de (Hg.) (1988): *Proceso histórico al conquistador*. Madrid: Alianza/V Centenario

SOTELO, Ignacio (1991): «Por una comunidad iberoamericana». *El País* 12.10.1991, Beilage «Un mundo nuevo»: 5

TOLEDANO, Samuel (1989): «El Quinto Centenario: un punto de vista judío». *América 92* Nr. 2 1989: 44/45

TOMAS DE SALAS, Juan (1991): «Idioteces». *Cambio 16* 12.8.1991: 5

TOMAS Y VALIENTE, Francisco (1988): «Las ideas políticas del conquistador Hernán Cortés». In: SOLANO, Francisco de (Hg.) (1988): a. a. O.: 165–181

VARGAS LLOSA, Mario (1991): «La historia interminable». *El País* 12.5.1991: 11/12

VAZQUEZ MONTALBAN, Manuel (1986): «El redescubrimiento de las Indias». *El País* 23.1.1986: 9

— (1990): «Las efemérides tienen dueño». *araucaria de Chile* Nr. 47/48 1990: 47–50

VIVES AZANCOT, Pedro (1988): «Los conquistadores y la ruptura de los ecosistemas aborigines.» In: SOLANO, Francisco de (Hg.) (1988): a. a. O.: 95–118

YAÑEZ BARNUEVO, Luis (1988): «El futuro comienza en 1992». *El País* 14.10.1988: 18
— (1989): «La historia como referencia. La comunidad iberoamericana.» *El País* 12.10.1989: 22
— (1990): «El futuro comienza en 1992». *araucaria de Chile* Nr. 47/48 1990: 50–52
— (1991a): «Oigo pasar balas sobre mi cabeza». *El País* 9.8.1991: 10
— (1991b): «1992, puerta del futuro». *El País* 12.10.1991, Beilage «Un mundo nuevo»: 16
— (1992a): «El V Centenario ha puesta a España en su sitio». *El País* 12.10.1992: 15
— (1992b): «Descubramos el futuro juntos». *El País* 12.10.1992: 20

ANONYMA

«Colón fue poco humano». Interview mit Augusto Roa Bastos. Interviewer: Angel S. Harguindey. *Babelia* 26.9.1992: 2/3

«Una fiesta de los ciudadanos». [Kommentar zum *Día de la Hispanidad*] *El País* 12.10.1988: 10

«El quinto centenario». *El País* 28.7.1985: 10

2. Sekundärliteratur

ABELLAN, José Luis; MONCLUS, Antonio (Hg.) (1989): *El pensamiento español contemporáneo y la idea de América*. 2 Bde. Barcelona: Anthropos

ACOSTA, Antonio (1987): «América Latina: Historia y pretexto (el 92 una operación en marcha)». *Boletín Americanista* (Barcelona) Nr. 37 1987: 5–17

ALBERT, Mechthild (unveröffentlicht): «‹El Genio de España en América› – 1492 und die Folgen aus der Sicht eines spanischen

Faschisten.» (Manuskript zum Vortrag vom 30.6.1992 an der Johann-Wolfgang-Goethe-Universität in Frankfurt/Main)

AMBORST, Stefan u. a. (Hg.) (1991): *Sieger und Besiegte im Fünfhundertjährigen Reich.* Bonn: Pahl-Rugenstein

ARGUEDAS, José María (1968): *Las comunidades de España y del Perú.* Lima: Universidad de San Marcos (Dissertation)

BERNABEU, Salvador Albert (1987): *1892. El IV Centenario del Descubrimiento de América en España: coyuntura y conmemoraciónes.* Madrid: Consejo Superior de Investigaciones Científicas (CSIC), Departamento de Historia de América, Centro de Estudios Históricos

BERNECKER, Walther L. (1991): «Entdeckung, Begegnung, Invasion? Zur Polemik um die Fünfhundertjahrfeier». *Peripherie* Nr. 43/44 1991: 31–44

— (1992a): «Die mexikanische Debatte über die ‹Fünfhundertjahrfeier›». Sonderdruck aus: BRIESEMEISTER, Dietrich; ZIMMERMANN, Klaus (Hg.) (1992): *Mexiko heute. Politik, Wirtschaft, Kultur.* Frankfurt/Main: Vervuert: 741–752

— (1992b): «‹Rauchender Spiegel›. Das Jubiläum der ‹Entdeckung› Amerikas im Widerstreit der Meinungen». Sonderdruck aus: REINHARD, Wolfgang; WALDMANN, Peter (Hg.) (1992): *Nord und Süd in Amerika. Gegensätze und Gemeinsamkeiten. Europäischer Hintergrund.* o. O.: Rombach Verlag (Rombach Wissenschaften, Reihe Historiae, Band 1 1992, herausgegeben von Wolfgang Reinhard und Ernst Schulin): 1299–1316

— (o. J.): «‹Entdeckung einer neuen Welt› oder ‹Begegnung zweier Welten›? Zur Kontroverse um den ‹Quinto Centenario› (1492–1992)». Sonderdruck aus: HERZOG, Roland (Hg.) (o. J.): *Zentrum und Peripherie. Zusammenhänge und Fragmentierungen. Neuansätze. Festschrift für Richard Bäumlin zum 65. Geburtstag.* o. O.: Verlag Rüegger

BRANSCHEIDT, Hans (1990): «500 Jahre Verleugnung und die Wiederkehr des Verdrängten». In: HÖFER, Bruni u. a. (Hg.) (1990): a. a. O.: 225-248

BRIESEMEISTER, DIETRICH (1986): «Die Iberische Halbinsel und Europa. Ein kulturhistorischer Rückblick». *Das Parlament*, Beilage «Aus Politik und Zeitgeschichte» 22.2.1986: 13-16

CASTAÑEDA DELGADO, Paulino (1991): «Die ethische Rechtfertigung der Eroberung Amerikas». In: KOHUT, Karl (Hg.) (1991): *Der eroberte Kontinent: Historische Realität, Rechtfertigung und literarische Darstellung der Kolonisation*. Frankfurt/Main: Vervuert

CASTILLO, Michel del (1979): «Von der Reconquista bis zu Juan Carlos». In: HINTERHÄUSER, Hans (1979): *Spanien und Europa. Stimmen zu ihrem Verhältnis von der Aufklärung bis zur Gegenwart*. München: dtv

COVO, Jacqueline (1992): «Descubrimiento o encuentro? La polémica sobre el V Centenario en ‹El País›». In: SARABIA VIEJO, María Justina (Hg.) (1992): *Europa e Iberoamerica: cinco siglos de intercambios. Actas del IX Congreso Internacional de Historia de América*. Bd. 3. Sevilla: Asociación de historiadores Latinoamericanistas Europeos (AHILA) / Consejo de Cultura y Medio Ambiente (Junta de Andalucia)

CRISTOBAL, Ramiro (1989): «Los indios americanos dan la espalda al V Centenario». *Cambio 16* 3.4.1989: 100-102

DIETERICH, Heinz (1990a): Einleitung zu ‹Das fünfhundertjährige Reich. Emanzipation und lateinamerikanische Identität 1492-1992›. In: HÖFER, Bruni u. a. (Hg.) (1990): a. a. O.: 7-17

— (1990b): «George Orwells Schüler: ‹Indianer›, ‹Neger› und ‹Eingeborene› im Herrschaftsdiskurs des Westens». In: HÖFER, Bruni u. a. (Hg.) (1990): a. a. O.: 197-206

— (1990c): «Emanzipation und lateinamerikanische Identität 1492- 1992». In: DIETERICH, Heinz (Hg.) (1990): a. a. O.: 51-73

— (Hg.) (1990): *Die Neuentdeckung Amerikas. Essays, Interviews, Gedichte.* Göttingen: Lamuv

— (1991): «Reichsjubiläum, NGOs und antiimperialistische Solidarität. Der V Centenario als historischer Moment». In: AMBORST, Stefan u. a. (Hg.) (1991): a. a. O.: 184-214

ESTEVE FABREGAT, Claudio (1988): *El mestizaje en Iberoamérica.* Madrid: Editorial Alhambra

FERNANDEZ RETAMAR, Roberto (1988): *Kaliban. Essays zur Kultur Lateinamerikas.* München und Zürich: Piper

FISCHER WELTGESCHICHTE 34 Bde. (1966-1969) Bd. 21 (1971): *Altamerikanische Kulturen.* Herausgegeben und verfaßt von Laurette Séjourné. Frankfurt/Main und Hamburg: Fischer

FRANK, Erwin (1991): «Für und Wider die Fünfhundertjahrfeier: Analyse einer spanischen Debatte am Beispiel Ekuador». *Peripherie* Nr. 43/44 1991: 45-58

GAEDICKE, Michael (1991): «Der andere Gipfel. Zum Treffen der Staats- und Regierungschefs der iberoamerikanischen Staaten». *tranvía* Nr. 22 1991: 49/50

GARZON VALDES, Ernesto (1991): «Die Debatte über die ethische Rechfertigung der Conquista». In: KOHUT, Karl (Hg.) (1991): a. a. O.: 55-70

GEWECKE, Frauke (1983): «Ariel versus Caliban? Lateinamerikanische Identitätssuche zwischen regressiver Utopie und emanzipatorischer Realität». *Iberoamericana* Nr. 19/20 1983: 43-68

— (1986): *Wie die neue Welt in die alte kam.* Stuttgart: Klett-Cotta

— (1988): «Indigenismus und indianischer Widerstand im Konfliktfeld nationaler Identität(en)». *Iberoamericana* Nr. 2/3 (34/35) 1988: 141-154

GLASER, Hermann (1991): «Wach auf, Cristoforo! Zum fünfhundertsten Jahrestag der Entdeckung Amerikas: neue Bücher über das Rätsel Kolumbus». *Die Zeit* 6.12.1991: 18

v. GLEICH, Albrecht u. a. (1984): «La política de España en América Latina frente a las relaciones europeo-latinoamericanos». *Cuadernos Hispanoamericanos* (Madrid) Nr. 414 1984: 5-22

HÖFER, Bruni u. a. (Hg.) (1990): *Das fünfhundertjährige Reich. Emanzipation und lateinamerikanische Identität 1492-1992.* Bonn: Pahl-Rugenstein, Berlin: Althammer u. Reese

HEGEL, Georg Wilhelm Friedrich [1830] (1955): *Die Vernunft in der Geschichte.* Herausgegeben von Johannes Hoffmeister. Hamburg: Felix Meiner Verlag

HELD, Gerd (1990): «Die spanische Wette». *Kommune* Nr. 3 1990: 24/25

HORST, Sabine (1992): «Amerika! Amerika! Im Kino: Ridley Scotts ‹1492› und John Glens ‹Christoph Columbus›». *Die Zeit* 23.10.1992: 20

IMBERT, Gérard; VIDAL BENEYTO, José (Hg.) (1986): *El País o la referencia dominante.* Barcelona

INTERNATIONALES HANDBUCH – LÄNDER AKTUELL (1966 –) Herausgegeben von Ludwig Munzinger. Ravensburg: Munzinger-Archiv

JANIK, Dieter; LUSTIG, Wolf (Hg.) (1992): *Die spanische Eroberung Amerikas. Akteure, Autoren, Texte.* Frankfurt/Main: Vervuert

KANT, Immanuel [1831] (1976): *Immanuel Kants Menschenkunde oder philosophische Anthropologie.* Nach handschriftlichen Vorlesungen herausgegeben von Fr. Chr. Starke. Hildesheim, New York: Georg Olms Verlag

KOHUT, Karl (Hg.) (1991): *Der eroberte Kontinent. Historische Realität, Rechtfertigung und literarische Darstellung der Kolonialisierung Amerikas.* Frankfurt: Vervuert

LAS CASAS, Bartolomé de [1552] (1977): *Brevísima relación de la destrucción de las Indias occidentales.* Introducción y notas de Manuel Ballesteros Gaibrois. Madrid: Fundación Universitaria Española

LEON-PORTILLA, Miguel; HEUER, Renate (Hg.) (1962): *Rückkehr der Götter. Die Aufzeichnungen der Azteken über den Untergang ihres Reiches.* Aus dem Náhuatl übersetzt von Angel Maria Garibay K.. Deutsch von Renate Heuer. Köln und Opladen: Friedrich Middelhauve Verlag

LUTZ, Georg (1992): «Spanien 1992. Eine Regierung dreht voll auf». *Blätter des iz3w,* Sonderheft «500 Jahre Kolonialismus», Januar 1992: 10-12

MADARIAGA, Salvador de (1992): *Kolumbus. Leben, Taten und Zeit des Mannes, der vor 500 Jahren Amerika entdeckte und damit die Welt veränderte.* München, Bern, Wien: Scherz

MILL, John Stuart [1836] 1859: «Civilization». In: MILL, John Stuart [1836] (1859): *Dissertations and discussions.* Bd.1. London: John W. Parker and Son: 160-205

MOLINA MARTINEZ, Miguel (1991): *La leyenda negra.* Madrid: Nerea

MONIMBO E.V. (1992): «Öffentlicher Appell der deutschen Koordination der Kampagne ‹Emanzipation und lateinamerikanische Identität: 1492-1992›». *Emancipación e Identidad de América Latina: 1492-1992, Rundbrief* Nr. 4, Februar 1992

MONTAIGNE, Michael Eyquem de [1580] 1985: *Essais.* Auswahl und Übersetzung von Herbert Lüthy. Zürich: Manesse Verlag

O'GORMAN, Edmundo (1951): *La idea del descubrimiento de América. Historia de esa interpretación y crítica de sus fundamentos.* México

— (1958): *La invención de América. El Universalismo de la Cultura de Occidente.* México und Buenos Aires

PIKE, Fredrick Braun (1971): *Hispanismo 1898-1936. Spanish Conservatives and Liberals and their Relations with Spanish America*. London: University of Notre Dame Press

QUINTANA, Aldina (1991): «Sepharad '92. 500 Jahre Vertreibung der Juden aus Spanien». *tranvía* Nr. 22 1991: 5-7

REEMTSMA, Jan Philipp (1990): «Cortéz et al.» In: HÖFER, Bruni u. a. (Hg.) (1990): a. a. O.: 47-68

REHRMANN, Norbert (1989): «Spanien, Europa und Lateinamerika: Zur Geschichte legendärer Kulturbeziehungen». *Prokla* Nr. 2 1989: 109- 131

— (1990a): «Die panhispanistische Bewegung von 1824 bis 1936». *Iberoamericana* Nr. 2/3 (40/41) 1990: 6-25

— (1990b): «Völkermord als Heldenepos». *die tageszeitung* 27.3.1990

— (1991): «Heldenepos oder Begegnung zweier Welten? Lateinamerikanische und spanische Stimmen zur 500-Jahr-Feier». *universitas* Nr. 10 1991: 962-972

— (1992): «Wer zu Entdeckungen aufbricht, nimmt sich selber mit». *Börsenblatt* Nr. 7, 24.1.1992: 28-32

RIEGER, Gerd (1992): «Kein Grund zum Feiern. Die spanische Gegenkampagne». *Blätter des iz3w*, Sonderheft «500 Jahre Kolonialismus», Januar 1992: 13-16

ROJAS MIX, Miguel (1991): *Los cien nombres de América: eso que descubrió Colón*. Barcelona: Editorial Lumen

SANTOS, Carlos (1993): «Cal y arena de un año horrible». *Cambio 16* 4.1.1993: 10-17

SCHARLAU, Birgit; MÜNZEL, Mark; GARSCHA, Karsten (Hg.) (1991): ‹Kulturelle Heterogenität› *in Lateinamerika. Bibliographie mit Kommentaren*. (Frankfurter Beiträge zur Lateinamerikanistik: 4) Tübingen: Gunter Narr Verlag

SEPULVEDA, Juan Ginés de [1646] (1951): *Democrates alter*. Spanische Übersetzung: *Demócrates segundo. De las justas causas de la guerra contra los Indios.* Madrid: Instituto Francisco de Vitoria

SILVA-SANTISTEBAN, Fernando (1969): «El mito del mestizaje». *Aportes* (Paris) Nr. 14 1969: 39-52

STOLCKE, Verena (1990): «500 Jahre nach der Entdeckung Amerikas». *Journal Geschichte* Nr. 5 1990: 25-29

TODOROV, Tzvetan (1992): *Die Eroberung Amerikas. Das Problem des Anderen*. Frankfurt/Main: Suhrkamp

TOMAS DE SALAS, Juan (1993): «Feliz 1994». *Cambio 16* 4.1.1993: 3

VASCONCELOS, José [1925] (1948): *La raza cósmica: misión de la raza iberoamericana*. México: Espasa-Calpe Mexicana

VILAR, Pierre [1963] (1988): *Historia de España*. Barcelona: Editorial Crítica

WIESENTHAL, Simon (1991): *Segel der Hoffnung*. Berlin: Ullstein

WOLLNIK, Markus (1992): «Die Großtat von 1492 wiederholen». *konkret* Nr. 4 1992: 46-49

ANONYMA

«Al-Andalus, en busca de las raíces árabe-islámicas». *América '92* Nr. 2 1989: 42

«Augusto Roa Bastos reivindica a un Colón defensor del mundo indígena». *El País* 14.10.1992: 22

«‹Dekade der indigenen Völker› soll Selbstbestimmung fördern». *Frankfurter Rundschau* 10.10.1993: 7

«‹1992› demaskieren». *ila* Nr. 146, Juni 1991: 50-54

«El Espiritú de Guadalajara. Conferencia Iberoamericana de Comisiones del Quinto Centenario en Colombia». *América '92* Nr. 11 1991: 42/43

«Grupos indígenas mexicanos crean un comité de protesta contra el V Centenario». *El País* 21.10.1990: 23

«Los indígenas hispanoamericanos boicotean a Yañez». *El País* 11.8.1990: 20

«Nach dem ‹Jahr der Rasse› – die Krise in der Kasse». *Gegenstandpunkt* Nr. 1 1993: 92–105

«Los ministros latinoamericanos definen el V Centenario como ‹confrontación›». *El País* 25.9.1990: 34

«Las minorías étnicas quieren autodeterminación». *El País* 13.8.1990: 18

«El Quinto Centenario empezó a ser universal». *América '92* Nr. 2 1989: 5–8

«El V Centenario proyecta que Oliver Stone lleva al cine a Hernán Cortés». *El País* 23.5.1990

«El Rey reafirmó la vocación americana de España». *América '92* Nr. 1 1984: 12–15

Anmerkungen

1 Für den umfangreichsten Themenblock der Arbeit, die historische Kontroverse, habe ich zur historischen Information hauptsächlich zwei inzwischen schon klassische Werke verwendet: Laurette Séjourné: *Altamerikanische Kulturen* (Fischer Weltgeschichte Bd. 21) und Tzvetan Todorov: *Die Eroberung Amerikas. Das Problem des Anderen.*

2 Nicht nur die amerikanischen Urvölker, die sehr wahrscheinlich von Asien her über eine Landbrücke nach Alaska kommend Amerika zuerst betraten, hatten den Kontinent vor Kolumbus ‹entdeckt›, sondern auch die Wikinger, die um 1000 n. Chr. Baffinland, Labrador und Neufundland erreicht hatten (vgl. GLASER 1991: 18).

3 Diese Bemühungen gab es allerdings auch von anderer Seite: Laut Kirkpatrick Sales Studie *Das verlorene Paradies. Christoph Kolumbus und die Folgen* (1991) erschienen im 19. Jahrhundert 253 wissenschaftliche Publikationen, die sich mit der Frage nach dem Geburtsort bzw. -land Kolumbus' beschäftigten. Unter anderem erhoben Korsika, Griechenland, Chios, Mallorca, Aragón, Galicia und Portugal Anspruch darauf, die Heimat des berühmten Admirals zu sein (vgl. GLASER 1991: 18).

4 Sabine Horst führt in ihrer Rezension des Filmes hierzu aus: «Columbus tritt hier als Entrepreneur mit Weitblick auf – er vereint, wie es einmal heißt, ‹Ehrgeiz und Idealismus› und gibt sich damit nicht als abendländischer, sondern als amerikanischer Held zu erkennen, denn nur im amerikanischen Denken scheint derart Disparates bruchlos zusammenzugehen. Das Drehbuch akzentuiert die modernen Züge der Figur, legt dem Eroberer – der historisch betrachtet ein profund religiöser, von Kreuzzugsgedanken beseelter Mensch war – aufklärerische Erkenntnisse in den Mund [...]. Der Film rückt ihn so in die Nähe jener stilisierten Heroen, in denen Unternehmergeist und visionäre Kraft sich zum Bild des Kulturstifters verbinden. [...] Die Abweichungen vom historischen Befund werden signifikant, wenn [...] Scott seinen Columbus zum Indianerfreund umdeutet – wenn es dann doch schiefgeht, ist es dem Helden nicht anzulasten.» (HORST 1992: 20)

5   In seiner Schrift *Die Vernunft in der Geschichte* (1830) äußerte sich Hegel wie folgt über Amerika: «Von Amerika und seiner Kultur, wie sie namentlich in Mexiko und Peru sich ausgebildet hatte, haben wir zwar Nachrichten, aber bloß die, daß dieselbe eine ganz natürliche war, die untergehen mußte, sowie der Geist sich ihr näherte.» (HEGEL [1830] 1955: 200) ‹Natur› steht bei Hegel antithetisch zu ‹Geschichte›; Amerikas Geschichte begann daher aus Hegels Sicht erst mit der Ankunft der Europäer.

6   O'Gorman hatte schon in seinem Werk *La invención de América* den Begriff der *Entdeckung* zurückgewiesen und stattdessen von der *Erfindung* Amerikas gesprochen. Er begründet seine Ablehnung des Entdeckungsbegriffes damit, daß nur etwas entdeckt werden könne, wovon vorher ein Bewußtsein bestand; da es bis ins frühe 16. Jahrhundert hinein aber kein Bewußtsein von einer transatlantischen Welt gab, habe diese auch nicht entdeckt werden können. Das historische und geographische Anderssein des amerikanischen Kontinents sei von den Europäern als solches nicht wahrgenommen und daher auch von ihnen vernichtet worden. Mit seinem Begriff von der *Erfindung* Amerikas geht es O'Gorman letztlich um die Verdeutlichung des zerstörerischen Aneignungsprozesses Amerikas durch das europäische Bewußtsein; ein Aneignungsprozeß, der sowohl geistig (Amerika als Ort utopischer Projektionen) als auch materiell (Amerika als Quelle von Bodenschätzen und Arbeitskräften) zu verstehen ist.

7   Todorov weist anhand einer sehr sorgfältigen Lektüre der historischen Quellen nach, daß Kolumbus' Hauptmotiv für seine Expedition ein religiöses war: mit den zu ‹entdeckenden› Reichtümern wollte er einen Kreuzzug zur Rückeroberung Jerusalems finanzieren. In diesem Kreuzzugsgedanken, so Todorov, komme eine selbst für die damalige Zeit ausgesprochen archaische Religiosität zum Ausdruck, war das Projekt der Kreuzzüge doch bereits seit dem Mittelalter aufgegeben. Todorov resümiert daher: «Paradoxerweise ist es also ein Wesenszug seiner mittelalterlichen Denkart, der Colón dazu bringt, Amerika zu entdecken und das moderne Zeitalter einzuleiten.» (TODOROV 1992: 21)

8   Diese Kampagne entwickelte sich 1988 aus einer Initiative von Studenten und Hochschullehrern an der Universidad Autónoma Metropolitana (México D.F.); als ihr Koordinator firmiert der deutsche Soziologieprofessor Heinz Dieterich, der seit 1976 an der Universidad Autónoma lehrt. Zahlreiche Organisationen und Institutionen sowie viele bekannte Wissenschaftler, Schriftsteller und Künstler aus Lateinamerika, den USA und Europa unterstützen diese auch über 1992 hinaus aktive Bewegung, die das Jubiläumsjahr dazu nutzen wollte, «die Ur-

sache für die miserablen Lebensbedingungen in den Ländern der sogenannten 3. Welt ins öffentliche Bewußtsein zu bringen: Eine Weltordnung, die den Wohlstand und die soziale Sicherheit in den Ländern der 1. Welt konzentriert, während die Menschen in den Ländern der sogenannten 3. Welt von diesen Privilegien ausgeschlossen bleiben. Ein System, dessen Grundlagen 1492 geschaffen wurden» *(Emancipación e Identidad de América Latina: 1492–1992, Rundbrief Nr. 4,* Februar 1992). Erklärtes Ziel der Bewegung ist nicht nur der Bruch mit den externen Abhängigkeitsbeziehungen der Peripherie von den Metropolen, sondern auch die radikale Veränderung der politischen und gesellschaftlichen Strukturen im Inneren der lateinamerikanischen Länder (vgl. DIETERICH 1992: 71).

9   Interessante Thesen zum Zusammenhang zwischen Conquista und Reconquista aus sozialpsychologischer Sicht präsentiert Jan Philipp Reemtsma (Hamburger Institut für Sozialforschung) in seinem Aufsatz «Cortéz et al.» (1990). Reemtsma sieht in den während der Reconquista (die er nicht als ausschließlich iberisches, sondern als europäisches, in der Tradition der Kreuzzüge stehendes Phänomen begreift) entwickelten Lebensformen den sozialen Rahmen, in dem sich jene spezifische Mentalität herausbilden konnte, die er für den Hauptgrund des historisch beispiellosen militärischen Erfolges der spanischen Konquistadoren über die zahlenmäßig weit überlegenen Indios hält: «Es sind die Erben eines 700jährigen Krieges, die da übers Meer kamen, die ihre Fahrt ins Ferne als ein Umgehungsmanöver in Richtung Jerusalem auffaßten und rechtfertigten; sie kommen aus einem Land, in dem die beiden Europa-konstituierenden Ideologien, Anti-Judaismus und Anti-Islamismus, einen mörderischen Höhepunkt erreicht haben, die sie verklammernde Religion, das Christentum, konstituiert einen innenpolitischen Terror, der für Jahrhunderte das Gleichnis für Grausamkeit schlechthin ist; sie führen ihren Krieg nach dem Muster der Kreuzzüge in Iberien und Palästina: es geht um die Niederschlagung unbotmäßiger Untertanen (Europas bzw. der Kirche, was generisch dasselbe) und sie führen diesen Krieg nicht der Landnahme – die steht symbolisch am Anfang eines Krieges – sondern der Befriedung der Aufständischen wegen; sie führen also nicht einen Vertreibungs-, sondern einen Vernichtungskrieg – den kennen die Indianer nicht.» (REEMTSMA 1990: 66)

10 Im Jahr 1492 verfaßte der andalusische Humanist Antonio de Nebrija die erste Grammatik des Kastilischen und trug damit wesentlich zur Durchsetzung der kastilischen Sprache im spanischen Staat bei. An dieses historische Ereignis erinnerte im Jubiläumsjahr eine Ausstellung mit dem Titel *Nebrija '92* auf der *Expo* in Sevilla.

11 Simon Wiesenthals kurz vor dem Jubiläumsjahr erschienenes Buch *Segel der Hoffnung* (1991) hat eben diese Hypothese zum Gegenstand. Wiesenthal versucht in seinem Buch den Nachweis zu führen, daß Kolumbus selbst konvertierter Jude war (diese These hatte bereits der spanische Historiker Salvador de Madariaga in seiner bekannten Kolumbus-Biographie *Vida del muy magnifico señor don Cristóbal Colón* (1966) vertreten) und mit der finanziellen und personellen Unterstützung anderer konvertierter Juden mit seiner Expedition auf der Suche nach einer Bleibemöglichkeit für die Mitglieder seiner Glaubensgemeinschaft war.

12 Unter anderem wurde auch eine offizielle und endgültige Aufhebung des Vertreibungsdekretes von 1492 durch den spanischen König diskutiert. Der Vorsitzende der 1989 von der sephardischen Weltföderation in New York gegründeten Organisation *Sefarad '92,* Mauricio Hatchwell Toledano, forderte dies noch einmal ausdrücklich im August des Jahres 1991 (vgl. QUINTANA 1991: 7). Leider war es mir nicht möglich, in Erfahrung zu bringen, ob diese sephardische Forderung letztendlich erfüllt wurde oder nicht.

13 Wichtige Aktivitäten der sephardischen *Sepharad '92* (nicht zu verwechseln mit der staatlichen spanischen Arbeitsgruppe gleichen Namens) im Zusammenhang mit dem Gedenkjahr waren etwa die Herausgabe eines Kataloges mit allen in Spanien bis 1492 existierenden Synagogen und *juderías,* ferner die Gründung einer Schule, die die historische *Escuela de Traductores* von Toledo zum Vorbild hat (mit Dependancen in Westeuropa, Istanbul, Jerusalem, Kairo und Fes) und eine Ausstellung über das spanische Leben im Mittelalter und die besondere Rolle der Juden.

14 Es gab lediglich einige Projekte zur Restauration almoravidischer Bauwerke in Mauretanien und verschiedene Ausstellungen, wie etwa *Al-Andalus, encrucijada del Oriente* und *El legado científico de Al-Andalus.*

15 An anderer Stelle formuliert Ferlosio diesen Gedanken noch ausführlicher: die Perspektive der *grandeza* müsse nicht nur gegenüber dem spanischen Imperium und allen anderen Imperien, sondern gegenüber der Weltgeschichte selbst aufgegeben werden (vgl. SANCHEZ FERLOSIO 1988d: 36).

16 Die gleiche argumentative Strategie zur Relativierung und Rechtfertigung der Conquista findet sich bei dem peruanischen Schriftsteller Mario Vargas Llosa (vgl. VARGAS LLOSA 1991: 12).

Anmerkungen 181

17 Zur Illustrierung des franquistischen Geschichtsbildes sei hier eine Seite aus einem Spanischlesebuch für die Grundschule aus dem Jahr 1943 zitiert: «América es muy grande, muy grande, muy grande, lo menos ochenta veces más grande que toda España. Y las gentes que vivían allí cuando llegaron los españoles eran salvajes. Iban desnudos y con todo el cuerpo pintado. No sabían leer ni escribir; no tenían iglesias, ni escuelas, ni carreteras, ni fábricas. Ni siquiera sabían lo que es el pan. [...] A España le dio mucha pena de aquellas pobres gentes de América. Y los mejores españoles se fueron allí, a enseñarlos a hablar, a rezar y a vivir, como hablamos, rezamos y vivimos nosotros.» (zitiert nach COVO 1992: 274) Die derartige Vermittlung der Kolonialgeschichte im Schulunterricht zur Zeit des Franquismus prägt bis heute das Lateinamerikabild nicht weniger Spanier (vgl. COVO 1992: 274).

18 Auch wenn die auf der Konferenz vereinbarten Koordinierungsmechanismen schwach blieben, bestand der Erfolg dieses Treffens doch darin, trotz Finanzierungsschwierigkeiten und prekärer Infrastruktur und trotz erheblicher Widerstände eine kontinentweite Protestkampagne in Gang gesetzt zu haben (vgl. BERNECKER o. J.: 340).

19 Im Vorfeld der Vierhundertjahrfeier stand diese Debatte im Zusammenhang mit dem Versuch von spanischer Seite, die Person des Entdeckers für sich zu reklamieren und damit die universalen Veränderungen seit 1492 als spanisches Verdienst herauszustellen, wofür die Welt dankbar zu sein habe. Für Intellektuelle wie Pérez de Guzmán oder Paso y Delgado war es ein Zeichen von «ingratitud universal», daß die von Kolumbus ‹entdeckten› Regionen nun den Namen *Amerika* trugen; man forderte daher die Umbenennung des Subkontinents in *Atlantida, Hispanida, Colónida, Colombinas* u. ä. (vgl. BERNABEU 1987: 121)

20 Vargas Llosa beruft sich hier auf die 1968 erschienene Doktorarbeit des peruanischen Schriftstellers und Anthropologen José María Arguedas: *Las comunidades de España y del Perú.*

21 Georg Lutz weist darauf hin, daß diese Programme auch im Zusammenhang damit zu sehen sind, daß Spanien als ‹Geberland› von Entwicklungshilfe seit einigen Jahren Profil zu gewinnen versucht. Bisher gibt es in Spanien jedoch noch keine Institution, die etwa dem deutschen Bundesministerium für entwicklungspolitische Zusammenarbeit vergleichbar wäre, und auch keine halbstaatlichen Organisationen wie Entwicklungshilfe betreibende Parteienstiftungen. Den Grund für die spanischen Anstrengungen in dieser Richtung sieht Lutz darin, daß die

Leistung von Entwicklungshilfe Voraussetzung für die endgültige Aufnahme in den Kreis der OECD- Institutionen ist (vgl. LUTZ 1990: 11).

22 In seinen Vorlesungen der Jahre 1790/1791, die später unter dem Titel *Immanuel Kants Menschenkunde oder philosophische Anthropologie* (1831) herausgegeben wurden, äußerte sich der Philosoph wie folgt über die Indianer: «Das Volk der Amerikaner nimmt keine Bildung an. Es hat keine Triebfedern; denn es fehlen ihm Affect und Leidenschaft. Sie sind nicht verliebt, daher sind sie auch nicht fruchtbar. Sie sprechen fast gar nichts, liebkosen einander nicht, sorgen auch für nichts, und sind faul.» (KANT [1831] 1976: 353)